AF286965

Josef Wichner

Stundenrufe und Lieder der deutschen Nachtwächter

SAGA

Josef Wichner

Stundenrufe und Lieder der deutschen Nachtwächter

ISBN/EAN: 9783944349213

Auflage: 1

Erscheinungsjahr: 2013

Erscheinungsort: Bremen, Deutschland

@ Saga-Verlag in Access Verlag GmbH, Fahrenheitstr. 1, 28359 Bremen.
Alle Rechte beim Verlag und bei den jeweiligen Lizenzgebern.

Cover: Ausschnitte aus dem Gemälde von Carl Spitzweg.

Stundenrufe und Lieder

der

deutschen Nachtwächter.

Gesammelt

von

Josef Wichner.

Regensburg.
Nationale Verlagsanstalt (früher G. J. Manz).
1897.

Der Nachtwächter.

Vorwort.

„Der biedere Nachtwächter mit Hellebarde, Horn und Laterne ist bald nur mehr — ausgestopft — in den Museen zu finden; die hastende Zeit fegt ihn hinweg, und mit ihm seine **Stundenrufe** und **Lieder.** Und es liegt doch so viel Poesie und herzinnige Frömmigkeit und jeweils auch schäkernde Schalkhaftigkeit in den Liedern der Nachtwächter, deren manch einer selbst in dunkler Mitternacht den Kuß der Muse verspürte und auf eigene Faust zu reimen anhub, und also wäre es sehr zu bedauern, wenn alle diese Reste meist echter Volkspoesie verloren gingen."

Als ich vor Jahr und Tag meine in zahlreichen Zeitungen und Zeitschriften veröffentlichte Bitte um Mitteilung von **Nachtwächterliedern** mit obigen Worten einleitete, wagte ich es kaum zu hoffen, daß sich in einer scheinbar durchaus materiellen Zeit meinem bescheidenen Pochen viele Thüren öffnen würden.

Ich fand mich aufs angenehmste enttäuscht!

Die Zeitungen und Zeitschriften wetteiferten, meine Absichten zu fördern, aus allen deutschen Landen, selbst

über den Ocean flogen begeisterte Zuschriften und
Nachtwächterlieder in mein Haus: vom Minister bis
zum Nachtwächter, von der fürstlichen Palastdame bis
zur Fabrikarbeiterin giebt's keinen Stand, der nicht
unter den freundlichen Einsendern von Nachtwächterliedern vertreten wäre, und manch altersmüder Greis,
manch silberhaariges Großmütterlein hat mir in freudiger Erregung gedankt, daß ich wie mit einem Zauber-
worte liebe Erinnerungen an längst entschwundene,
ach, so glückliche Tage wachgerufen habe:

> „Aus der Jugendzeit,
> Aus der Jugendzeit
> Klingt ein Lied mir immerdar;
> O, wie liegt so weit,
> O, wie liegt so weit,
> Was mein, was mein einst war!"

Ein nach mancher Seite hin geführter Briefwechsel,
sowie persönliche Nachforschungen vervollständigten
meine Sammlung in dem Maße, daß ich mich der
angenehmen Pflicht der Sichtung unterziehen konnte
und daß ich nunmehr in der Lage bin, den Freunden
volkstümlicher Dichtung eine ziemliche Anzahl origineller, vielfach noch nirgends veröffentlichter Stundenrufe und Lieder vorzulegen.

Der litterarischen Vorarbeiten fand ich nur wenige. Es sind die verdienstlichen kleinen Sammlungen
von Pfarrer M. Ch. Burk 1834, vom Nachtwächter

von Wiggensbach 1840 und neuestens die Sammlung
Elſäſſiſcher Nachtwächterlieder von Seminardirektor
Dr. Br. Stehle in Kolmar.

Die Einrichtung dieſes Buches iſt mit wenigen
Worten erklärt.

Es zerfällt in vier Teile.

Der erſte Teil bietet dem Leſer einige hoffentlich
lesbare und leſenswerte Bemerkungen über die Ge-
ſchichte der Nachtwächtergilde, ſowie über das Weſen
ihrer Lieder.

Im zweiten Teile, der eigentlichen Sammlung,
habe ich die Lieder und Rufe nach Staaten und inner-
halb derſelben in der Buchſtabenfolge geordnet. Wo
bei einem Ortsnamen keine Zahl ſteht, wird das Lied
heute noch geſungen; eine Jahreszahl giebt an, wann
das Lied ungefähr zum letztenmal geſungen wurde; ein
Fragezeichen, daß eine Zeitbeſtimmung dermalen nicht
möglich war. Erklärende Bemerkungen bei manchen
Liedern dürften, da ſie wiederholt auch kulturelle Ver-
hältniſſe berühren, ſicherlich achtſame Leſer finden.

Im dritten Teile ſuchte ich dem Scherze Rech-
nung zu tragen und dem durch allzuviel Ernſt etwa
ermüdeten Leſer einige Abſpannung zu bieten, indem
ich etwelche ſchnurrige Lieder, Späſſe und luſtige Ge-
ſchichtlein, wie ſie ſich mir boten, zuſammenſtellte.

Der vierte Teil endlich vereinigt unter dem Titel
„Verſchiedenes“, was ſich in die eigentliche Sammlung
ſchwer einreihen ließ, ſo neben Liedern, von denen ich
nicht erfahren konnte, wo ſie geſungen wurden oder

werden, volkstümliche Lieder bekannter Verfasser, ferner auch Kunstlieder und wenige Vertonungen bekannter Komponisten. Der kundige Leser wird sich mit einigen Proben begnügen; mehr zu leisten, konnte unmöglich des Sammlers Absicht sein.

Und nun bitte ich alle verehrten Einsender, sowie die geehrten Schriftleitungen vieler Zeitungen und Zeitschriften, mir ein Doppeltes gütigst zu verzeihen: erstlich, daß ich nicht imstande war, jedem einzelnen für die treue Mitwirkung an diesem Buche, das ja unser gemeinsames Werk ist, persönlich zu danken, zweitens, daß ich ebensowenig imstande bin, die Namen aller Mitarbeiter an dieser Stelle zu veröffentlichen.

Nebst meinem hiermit in aller Wärme ausgesprochenen Danke möge ihnen das erhebende Bewußtsein gemeinsamer Arbeit an einer gewiß edlen Sache hinreichende Belohnung und zugleich ein Ansporn sein, mich durch weitere Beiträge in der ferneren Ausgestaltung dieser Sammlung zu unterstützen.

Ich bitte darum und nehme jeden Beitrag, sowie jede Anregung einer sachlichen Kritik mit dem herzlichsten Danke entgegen.

Krems an der Donau im Sommer 1897.

Josef Wichner.

I.

Zur Einführung.

Der ehrsame Nachtwächter oder Nachtrat hat seinen Geschichtschreiber noch nicht gefunden. Selbst in der reichhaltigen Chronik der Gewerbe von H. Berlepsch (St. Gallen 1850) wird des Nachtwächters kaum gedacht, zweifelsohne, weil er sich als bloßer Zuschauer und Aufpasser unter die schaffenden (produzierenden) Stände des bürgerlichen Lebens nicht einreihen ließ.

Auch ich fühle mich, da ich in der Kleinstadt an meinen Lehrberuf gefesselt bin, einem Werke, das jahrelanges Durchforschen bestaubter Archive und Benutzung eines umfangreichen litterarischen Apparates erfordert, nicht gewachsen, und ich muß mich bescheiden, durch die folgende Sammlung von Rufen und Liedern deutscher Nachtwächter anregend zu wirken, auf daß ein bislange noch ungeackertes Feld bebaut werde.

Ich bitte daher, weder meine einleitenden Bemerkungen, noch die Sammlung selber mit streng wissenschaftlichem Maßstabe zu messen. Die Sammlung soll vielmehr, wie sie aus dem Volke stammt und mit Beihilfe des Volkes zustande kam, einen volkstümlichen Charakter tragen, den weitesten Kreisen zugänglich und allen Freunden der Volksmuse eine willkommene Gabe sein. Aus diesem Grunde habe ich auch der litterarischen Behelfe nur ausnahmsweise gedacht.

Nachtwächter gab und giebt es offenbar zu allen Zeiten und bei allen Völkern; nur muß man zwischen Nachtwachen und Nachtwächtern im engeren Sinne unterscheiden.

Die Einrichtung der Nachtwachen ist, soweit wir in der Geschichte zurückblicken können, zumeist eine rein militärische mit dem Zwecke, ein Lager, eine Stadt oder sonst eine Örtlichkeit vor feindlicher Über-rumpelung zu sichern.

In ursprünglichen Siedlungen, wie sie uns in Freiligraths Hottentottenkrale mit seinen gegen reißende Tiere aufflackernden Wachtfeuern vor Augen geführt werden, mag die Wache wohl Nacht um Nacht ab-abwechselnd von den männlichen Stammesgenossen be-zogen worden sein; in Trins in Tirol, wo die Helle-barde von Haus zu Haus wandert, finden wir heute noch diese Einrichtung.

Militärisch durchgebildete Staaten aber lösen die ausgestellten Wachtposten, um den einzelnen die Schärfe des Gehörs und Gesichts zu wahren, während einer und derselben Nacht in gewissen Zeiträumen ab.

Natürlich hat auch der bewaffnete Friede, der leider nichts anderes als eine fortdauernde Kriegs-bereitschaft und Kriegsübung ist, seine Nachtwachen; wir finden sie, um nicht allzuweit auszugreifen, bereits bei den Hebräern, den Griechen, den Römern, also bei den bedeutendſten Kulturvölkern des Altertums, und wir finden ſie in jedem Städtchen, in dem eine Gar‐ niſon liegt.

Bei den Hebräern zerfiel die Nacht für die Wa‐ chen in drei, bei den Griechen (φυλακή) und Römern (vigilia) in vier Teile, die nach der ungleichen Dauer der Nächte bald kürzer, bald länger waren, bei Tag‐ und Nachtgleiche jedoch viermal drei Stunden aus‐ machten.

Daraus erklären ſich z. B. die Zeitbeſtimmungen der Evangelien. Wenn Matthäus erzählt, Jeſus ſei um die vierte Nachtwache auf dem Meere zu ſeinen Jüngern gewandelt, die im Schiffe von den Wellen umhergeworfen wurden, ſo geſchah das nach unſerer Zeitrechnung zwiſchen 3 und 6 Uhr morgens.

Dieſe militäriſchen Wachen bildeten zugleich die Ortspolizei. Sie ſorgten für Ordnung und Sicherheit, ſie unterdrückten mit herbeigeholter Verſtärkung Volks‐ aufläufe, ſie ermöglichten, wie beim Tode Jeſu, die Voll‐ ziehung von Hinrichtungen und ſchützten die Gewalt‐ haber als eine Art Leibwache vor dem Pöbel. Der Tempel zu Jeruſalem wurde zur Oſterzeit von römi‐ ſchen Soldaten bewacht; Pilatus geſtattete den Phari‐ ſäern, dieſe Wache auch an das Grab Jeſu zu ſtellen, damit nicht ſeine Jünger den Leichnam ſtehlen und dann ſagen würden: „Er iſt auferſtanden!"

Gewiß haben auch die alten Deutſchen als ein durchaus kriegeriſches Volk ihre Wachen ausgeſtellt; die Sprache, die im Gotiſchen einen »wardja« = Wärter,

im Althochdeutschen einen »wahtâri« und »nahtwah-
târi«, im Mittelhochdeutschen »wahtaere« kennt, beweist das unwiderleglich.

Schon Karl der Große verordnete, „daß die freien
Leute außer dem Heerdienste im Felde ausdrücklich
noch bei Strafe des Heerbannes zum Wachedienste
verbunden sein sollten und zwar zu Tag- und Nachtwachen, zur Aufrechthaltung der Ordnung im Innern
des Landes sowohl als zur Bewachung der Städte und
Festungen und der Grenzen des Reiches; insbesondere
soll der Wachdienst den Ärmeren obliegen, welche die
Kosten des Feldzuges und Heerlagers nicht zu er-
schwingen vermögen."

Bereits in dieser Zeit trägt der Wächter das
Horn als Zeichen und Behelf. Daß seit Karl des
Großen Tagen bis heute nur arme Teufel als Nachtwächter amtieren, bedarf keines Beweises; ich habe
wenigstens noch nie gehört, daß sich ein Millionär um
so einen Posten beworben hätte.

Seitdem der Adel den ersten Stand bildet, dem
gegenüber, die Geistlichkeit ausgenommen, alle anderen
Stände verschwinden, ist der »wahtaere« vor allem
der Burg- oder Turmwächter, und auch er hat
hauptsächlich militärische Bedeutung, er muß die Um-
gebung scharf im Auge behalten und die Besatzung,
der er angehört, durch Hornstöße und Rufe warnen,
sobald er etwas Verdächtiges bemerkt.

Eine weitläufige Burg hatte dieser Wächter meh-
rere, die auf den Zinnen und in den Türmen verteilt

waren und sich durch Zurufe und Hornstöße wach erhielten.[1] Reste dieses Gebrauches zeigen sich bis in die Gegenwart herein. So z. B. mußte der Nacht-wächter von Mengen nach der Eidesformel von 1610 den Turmwächter anrufen, und der Stadt-wächter von Balingen schrie dem Turmwächter noch vor wenigen Jahren jede Stunde zu: »Hüet wohl!«

Der wichtigste Posten war offenbar der im ober-sten Teile des Hauptturms, der die weiteste Fernsicht gestattete.

Nebst den Zurufen wird auch bereits im 13. Jahr-hunderte eines Liedes Erwähnung gethan, womit der Wächter den Morgen verkündete und die Herren Ritter weckte:

> »Der wechter uf der zinne saz,
> Sine tageliet er sanc,
> Daz im sin stimme erklanc
> Von grozme done.
> Er sanc: »ez taget schone,
> Der tag, der schinet in den sal,
> Wol uf, ritter, uber al,
> Wol uf, ez ist tag!«

Da hätten wir also das nachweisbar älteste Nacht-wächterlied. Auch daß ein ordentlicher Wächter eine

[1] Vergl. hier und später: Alwin Schultz, Deutsches Leben im 4. und 15. Jahrhunderte, Prag, Tempsky, 1892.

ſtarke Stimme haben mußte, ift aus obigen Verſen zu
erſehen. [1])

Der Wächter beſang auch den Abend und betete,
daß Gott den Bewohnern der Burg eine gute Nacht
geben möge.

Aber nicht nur menſchliche Feinde kündete der
Wächter an, ſondern auch Gefahren jeder Art, vor allen
einen Brand:

> »Des morgens, do es tagete,
> Der wechter maere sagete,
> Er rief von den zinnen:
> Ich sehe daʒ lant brinnen!«

Da jedoch Gefahren jeder Art fortwährend lauer‧
ten, ſo gab es, wie ſchon unter Karl dem Großen,
ſo auch ſpäterhin nebſt den Nachtwächtern auch Cage‧
wächter, wie eine Verordnung aus dem 15. Jahrhun‧
derte beſagt:

> »wenn die nachtwachter ab der wacht
> gang, so sol ain tagwachter da vor sîn und usz
> lugen, was sich by dem schlosz, in dem velde
> oder an dem berge machte.«

Eine gar wichtige Perſon war der Wächter zu der
Zeit, da die Ritter heimlicher Minne nachgingen ...
geliebt und gefürchtet zugleich: geliebt, denn er ver‧
mittelte, wenigſtens um gute Bezahlung, den Verkehr

---

[1]) Vergl. Paudorf (Öſterreich).

der Liebenden, er ließ in schweigender Mitternacht jeden
Tristan, der ordentlich blechte, zu seiner Isolde und
behütete das liebende Paar vor jeglicher Überrumpelung; gefürchtet, denn er sang sein Tagelied allweil
viel zu früh!

Aus diesem Verhältnisse der Liebenden zum Nachtwächter entwickelte sich eine eigene Art des Minnesanges, das Taglied, das den Schmerz der Scheidenden
zum Ausdrucke bringt und formell als Gespräch zwischen
dem Ritter, der Dame und dem Nachtwächter erscheint.

Viele dieser Lieder sind, wenn man von der sittlich
bedenklichen Situation absieht, von nicht geringem
poetischen Reize.

Das Taglied stellt das Scheiden der Liebenden in
der Morgenfrühe nach nächtlichem Beisammensein dar.
In der ersten Zeit des Minnesanges weckt der Früh-
gesang der Vögel das Paar, später schreckt sie der die
Zinne umwandelnde Wächter auf.

Herr Wolfram von Eschenbach († um 1220) hat
den Wächter zuerst in die Minnedichtung eingeführt.

Des Wächters Morgenlied enthält, des großen
Dichters würdig, ein prachtvolles Naturbild:

„Die Klauen durch die Wolken hat der
              Tag geschlagen,
Er steiget auf mit großer Kraft;
Ich seh' ihn grauen, wie an allen Tagen,
Den Tag, der ihm Gesellschaft

Entziehen will, dem werten Mann,
Den ich mit Sorgen ein erst ließ."

Natürlich will das süße Weib nichts davon hören,
daß ihr „Friedel" scheiden soll; hat sie ja selbst am
Abend zuvor dem bartigen und ... unadligen Wächter
einen Kuß gegeben, auf daß er den Geliebten ein-
lasse. Auch kann sie's gar nicht glauben, daß es schon
Tag sein solle! Wie aber die Sonne durch die Scheiben
scheint, erschrickt sie und rät nun wohl dem Friedel
selber zur Flucht.

Nach einem Tagliede des „Graven Otte von
Botenlouben" († 1245) ist der Wächter in arger Ver-
legenheit, wie er die Liebenden scheiden soll. Trennen
müssen sich die beiden, meint er; denn: »mâze ist zallen
dingen guot.« Also entschließt er sich, nichts anderes
zu singen, als:

>Es ist zît,
Stant ûf, ritter!<

Manchmal läuft die Maid sogar aus der Kammer,
wenn der Wächter schreit, und giebt ihm Goldes genug ... Schweiggeld.

Auch der Marner, ein Zeitgenosse Walthers von
der Vogelweide, läßt den Wächter singen:

„Ich künde mit Getöne:
Der Tag, der viel schöne,
Will auf sein.

Wer heimlich minne,
Der beginne
Zu wachen. Es ist Zeit.
Ich höre auf den Zweien
Singen und schreien
Die Vögelein."

Ich bitte die geehrten Leser, hiermit das heute noch besonders in Österreich viel gesungene Morgenlied des Nachtwächters zu vergleichen:

„Hausdirn, steh' auf, es ist schon Zeit,
Die Vögelein singen auf grüner Heid'!"

Am liebsten wäre es so einem Pärchen allerdings gewesen, wenn sich der Tag überhaupt nicht gezeigt hätte. Dies kommt in einem altniederländischen Tageliede aus dem 14. oder 15. Jahrhunderte äußerst naiv zum Ausdrucke:

„Der Tag will nicht verborgen sein,
Es taget schon, das dünket mich.
Wer nun sein Lieb verborgen hat,
Wie ungern thun sie scheiden,
Ja scheiden!"

O Wächter, laßt Euer Scherzen sein
Und laßt ihn schlafen, den Allerliebsten mein;

Ein' Singerring rot will ich Euch schenken,
Wollt Ihr den Tag nicht melden,
Ja melden!

„Hätt' ich den Schlüssel zu dem Tag,
Ich würf' ihn in die wilde Maas
Und von der Maas hin in den Rhein,
Daß er nimmer sollt' gefunden sein,
Ja 'funden sein!"

So bemächtigt sich auch das Volkslied dieses ur-
sprünglich höfischen Motives, das allerdings, wenn auch
nicht immer rein — so doch allgemein menschlich ist.

Ein Wächterlied um 1350 hebt an:

„Wach auf, wach auf!" mit heller Stim
hub an ein wechter gute,
„wo zwei herzlieb beinander sind,
die halten sich in hute,
daß in kein arges widerfar
und ihr sach nicht mislinge!"

Ein anderes Volkslied beginnt:

„Der Wächter auf dem Turme saß
Und blies mit heller Stimme:
„Wer noch bei seinem Schätzlein leit,
Der steh' nun auf, es ist wohl Zeit,

Der Tag hat sich geneiget,
Gezeiget."

Taglieder solcher Art erscheinen auf fliegenden Blättern des 16. Jahrhunderts mit groben Holzschnitten versehen, welche den auf der Zinne wachenden Wächter mit dem Horne darstellen.

Während des Reformationszeitalters wurden solche Tagelieder häufig zu Kirchenliedern umgearbeitet, in denen Christus als Seelenwächter erscheint:

„Gott ist der Christen Hilf und Macht,
Ein' feste Citadelle;
Er wacht und schildert Tag und Nacht,
Thut Rond' und Sentinelle."

Shakespeare benutzte die deutschen Wächterlieder, wie Gervinus bemerkt, zur hochpoetischen Abschieds-scene zwischen Romeo und Julie.

Ließ der höfische und späterhin auch der bürger-liche Nachtwächter Herzensdiebe ein, so mußte er sich doch anderen Dieben gehässig erzeigen, das heißt, er übte auch die Polizeigewalt aus:

»Vil wachtêre ûf tratin
Unde bewarten sie vor diebin.«

Das Aufblühen der Städte mit ihrem reichen Han-dels- und Gewerbsleben verlangte namentlich bei den vielfachen Fehden zwischen den Städtern und Raubrittern wohl einen ausgiebigen Schutz; man brauchte »vil wachtêre«. Wir finden daher auch in den Städten militärische Wachen, die Bürgermiliz, die Scharwache, die, wohl auch ein Lied singend, in Scharen aufzog, die Gaſſen durchſtreifte, verdächtiges Geſindel dingfeſt machte und auf Mauern und Thore wohl achtgab.

Solch ein Lied iſt uns aus Emmerich erhalten; es verſetzt uns ſo recht in jene blutigen, vielfach recht- loſen Zeiten.

Späterhin, da die von den Rittern drohenden Ge- fahren gebannt waren, wurde die Wache in Scharen, wie in Mengen, abgeſtellt und die Wache einzelnen, entlohnten Männern als ein bürgerliches Amt übertragen. Von dieſen durchſtreiften etliche die Gaſſen, andere ſaßen in Türmen und hielten Ausſchau.

Türmer und Nachtwächter haben ſich an vielen Orten bis heute erhalten; an anderen Orten iſt nur mehr der Türmer geblieben, der eigentlich ein Feuer- wehrpoſten iſt, indes der Nachtwächter der Polizei das Feld räumen mußte, die als Maſchine nach der Kontroluhr ihren Dienſt verſieht und kein erhebendes noch erheiterndes Lied mehr kennt.

Seit der Mitte des 14. Jahrhunderts, ſeit der Ein- führung der Turmuhren, deren erſte 1364 in Augs- burg aufgeſtellt wurde, muß der Nachtwächter die Stunden ausrufen. Die älteſte, bekannte Formel eines Stundenrufes ſtammt aus dem 15. Jahrhunderte. Sie lautet um ſechs Uhr:

›Merkt, ihr herren, und lasst euch sagen
Die glock' hat Sechse geschlagen.
Hüets fewr!
Wolhin gueter sechse!‹

Unter den hier angerufenen Herren sind die Ratsherren oder Patrizier gemeint. Spätere Rufe bequemen sich der Zeit an, die immer demokratischer wird („Herren und Bürger" oder „Bürger" allein), oder sie wählen vorsichtshalber einen Sammelnamen („Leute"), oder sie wollen sich gegen das weibliche Geschlecht gefällig erweisen („Herren und Frauen" oder sogar vornehm „meine Herren und Damen").

Eine Verordnung der Stadtobrigkeit von Chemnitz vom 24. Februar 1488 lautet wörtlich:

›Auf den selbigen tag ist von zweyen siczenden rethen irkant und im besten vorgenomen, daz dy zcirklerer furder hyn alle nacht uff allen creuczen der gassen sullen schreyen, wy vil der seiger hat geschlagen, aueh ein yczlicher sein fewer sol bewaren, und sullen angehen uff dy wach: im somer um zechene, anzcuhebin Walpurgen (1. Mai) bis uff Michael (29. September); im winter sullen sy angehen umb sibene und abegehen umb funffe; im somer abzcugehen um dreye.‹

Daß den Wächtern ganz besonders aufgetragen wurde, die Bürger zu mahnen, daß ein jeglicher sein Feuer wohl hüte und bewahre, erklärt sich aus der

Beschaffenheit der mittelalterlichen Städte, allwo eine ausbrechende Feuersbrunst in dem Holzwerke der Häuser nur allzu reichliche Nahrung finden und dann schrecklich wüten mußte.

Die Obliegenheiten des Nachtwächters waren demgemäß in den mittelalterlichen Städten der Hauptsache nach: er mußte die Nacht über die Gassen durchstreifen und des Feuers wohl in acht nehmen, die Bürger zur Vorsicht mahnen, einen ausbrechenden Brand melden. Seines Amtes waltete er mit Horn, Hellebarde und Laterne im Sommer von 10—3, im Winter von 7—5 Uhr. Er hatte jede Stunde mit kräftiger Stimme auszurufen.

Dies sind auch heute noch im wesentlichen die dem Nachtwächter obliegenden Pflichten. An manchen Orten, namentlich in kleineren Städten, Märkten und Dörfern war und ist er aber auch, da die Teilung der Arbeit noch nicht weit gediehen ist, zugleich Ortspolizei.

Er achtet daher auf die schleichenden Diebe und führt sie in den Kotter, wenn . . . er sie erwischt; er sorgt für die nötige Nachtruhe und befördert Randalmacher in den Arrest, Betrunkene nach Hause:

„Schwarz bedecket
Sich die Erde;
Doch den sichern Bürger schrecket
Nicht die Nacht,
Die den Bösen gräßlich wecket;
Denn das Auge des Gesetzes wacht."

Dieses Auge des Gesetzes dringt aber auch in die Wirtshäuser und wacht über die Aufrechthaltung der Polizeistunde: der Nachtwächter schafft die Gäste ab, die da „die Nacht in den Tag hinein zu verlängern" gewillt sind.

Aus letzteren Gründen sind ihm namentlich die Studenten abhold, und sie treiben mit dem armen Wächter allerlei Ulk und Unfug, wie uns Chroniken und Lieder melden.

So klagt bereits in der 1600 zum erstenmal auf-geführten Komödie Albert Wichgrews »Cornelius relegatus« der Wachtmeister dem Rektor der Universität:

„Herr Rektor, ihrer waren drei,
Die trieben auf dem Markt groß Geschrei,
Do die Wächter bald dreie riefen
Und die Leute am besten schliefen."

Eine 1627 in maccaronischem Latein, also in einer komischen lateinisch-deutschen Sprachmengung, verfaßte Schrift »Certamen studiosorum cum vigilibus nocturnis« schildert die nächtlichen Kämpfe zwischen den Wächtern und den Studenten.

Von den Wächtern heißt es:

»Tunc veniunt wächtri cum spiessibus
atque reclamant:
Ite domum gaesti, jam schlaxit zwöl-
fius ura!«

Das heißt in metrischer Übersetzung:

Dann erscheinen die Wächter mit ihren
Spießen und schreien:
„Marsch, nach Hause, ihr Gäste, es hat
schon zwölfe geschlagen!"

Den Nachtwächter zu prügeln, das gehörte, wenigstens in früheren Zeiten, wie uns manche Kneiplieder versichern, zum Vollgenusse einer studentischen Nacht, und da die fidelen Jünger der Wissenschaft den einfältigen Nachtwächtern an Witz meist überlegen waren und sie stundenlange am Narrenseile herumführten, so verband sich selbst mit dem Worte „Nachtwächter" der Begriff des Ungeschickten, ja Tölpelhaften, also daß es beinahe wie eine Ehrenbeleidigung klingt, so man jemand einen Nachtwächter nennt, der keiner ist, oder so man sein Thun als „unter dem Nachtwächter" bezeichnet.

Diese Verachtung oder Mißachtung eines vielgeplagten und schlecht bezahlten Standes schreibt sich wohl auch daher, daß einst die geschlossenen Innungen und Zünfte die Nachtwächter gleich den Zöllnern, Totengräbern, Scharfrichtern und Schindern für ehrlos hielten und deren Söhnen kein Handwerk zu erlernen verstatteten. Erst der Reichsbeschluß von 1731 stellte die Nachtwächter u. a. gesetzlich den übrigen Bürgern gleich.

Neben geistig etwas beschränkten Nachtwächtern fehlt es gleichwohl nicht an solchen, die eines gewissen Mutterwitzes nicht ermangeln, ja, die manch einen aufs Eis führen, der selber zu führen meint.

Ein ziemlich verbreitetes Laster der nunmehr ehrsamen Gilde ist die schier unüberwindliche Sehnsucht
nach innerer Erwärmung; manche Wirtshausgäste
kennen diese Schwäche und sorgen für unentgeltliche
Stärkung, bis ... nun bis der Wächter selber nicht
mehr weiß, wieviel's geschlagen hat.

Es fehlt aber gleichwohl zu allen Zeiten nicht an
Nachtwächtern, die ihren Beruf gar ernst, ja, als eine
heilige Sache nehmen und sich der Verantwortlichkeit
ihres Amtes vollauf bewußt sind. Ich dächte, gerade
meine Sammlung dürfte den Beweis erbringen, wie
verkehrt es ist, wenn man im Nachtwächter stets nur
den komischen Kerl erblickt und wenn Dichter und
Schauspieler in der Karikierung eines Standes wett-
eifern, der doch eine wahrhaft poetische Auffassung er-
möglicht. So z. B. wurde von einem meiner Mitarbeiter mit Recht darauf verwiesen, wie verkehrt es
sei, den Nachtwächter in Richard Wagners Meister-
singern als Karikatur aufzufassen.

Dem Kenner des deutschen Schrifttums kann es
übrigens nicht verborgen sein. daß der Nachtwächter
in der deutschen Poesie von Wolfram von Eschenbach
bis herauf zu Dingelstedts „Liedern eines kosmopoli-
tischen Nachtwächters", bis zu den heutigen Roman-
schriftstellern und bis zu den „Fliegenden Blättern"
eine bedeutende Rolle spielt. Er ist ein gefügiges
Werkzeug in der Hand des Satyrikers, des Elegikers
und des Jdyllendichters, und es hieße die deutsche
Litteratur ausschreiben, wollte einer die Stellen sam-

2*

meln, in denen des Nachtwächters Erwähnung gethan
wird.

Der Leser gestatte mir nun noch einige einführende
Bemerkungen zum

Nachtwächterliede.

Die erwähnten städtischen Verordnungen schreiben dem Nachtwächter kein Lied, sondern nur den
Stundenruf vor.

Man hat deshalb zwischen dem Rufe und dem
Liede wohl zu unterscheiden.

Das Lied des Wächters ist älter, als der
Stundenruf.

Der höfische Wächter besang den Abend und den
Morgen, und wenn nun der bürgerliche Wächter zum
vorgeschriebenen Rufe aus freien Stücken das Lied
fügte, so folgte er hierin der Überlieferung aus dem
12. und 13. Jahrhunderte.

Abend- und Morgenlied und teilweise selbst der
religiöse Charakter derselben waren gegeben; was war
nun natürlicher, als daß die Wächter auch an die Rufe
der übrigen Nachtstunden passende Lieder knüpften?

Auch diese Lieder, die soweit sie uns überliefert
sind, etwa ins 16. Jahrhundert zurückreichen, tragen
fast durchaus religiösen Charakter, wie dies der
von religiösen Ideen ganz durchsetzten Zeit entspricht.

Am häufigsten werden die Nachtstunden mit Er-
eignissen aus der Heiligen Schrift, die sich um die näm-
liche Stunde zutrugen, in Verbindung gebracht und

daraus fromme Lehren, Mahnungen und Warnungen gezogen. Hier läßt sich der Einfluß der Predigt nicht verkennen. Nebst dem widmen manche Nachtwächter auch den Hauptfesten des Jahres besondere Lieder. Sie besingen zu Weihnachten den geborenen, zu Ostern den erstandenen Heiland und bringen zu Neujahr den Mitbürgern, vorab den Würdenträgern, ihre meist ge- reimten Wünsche dar. Im letzten Falle macht wohl auch die Hoffnung auf eine „Verehrung" oder ein „Trinkgeld" den Dichter; warum sollten auch gerade diese Volkspoeten keine Honoraransprüche erheben dürfen?

Doch findet manchmal auch die Freude an der schönen Natur, Beobachtung des Menschenlebens und fortschrittliche Gesinnung treffenden Ausdruck.

So halten z. B. die Nachtwächter von Haders- leben, Bühl a. d. Rottenburg und Mährisch- Trübau den Gespensterglauben für eine Narretei.

Nicht minder aber nehmen manche Wächter an den Zeitereignissen Anteil und künden ihre Liebe zum Herrscherhause und zum Vaterlande in mehr oder we- niger schwungvollen, immer aber herzlich gut gemeinten Versen.

Im allgemeinen sind, um mich am rechten Orte musikalischer Kunstausdrücke zu bedienen, w e n i g e T h e m e n, aber u n e r s c h ö p f l i c h e V a r i a t i o n e n zu beobachten.

Bezüglich der Verfasser läßt sich aus dem vorlie- genden Materiale ein dreifacher Ursprung unschwer erkennen.

Manchmal nimmt der Wächter bekannte Kunstlieder in sein „Progamm" auf, die sich sogleich durch
formelle Vollendung, sowie durch dem Volke nicht immer
geläufige Bilder und Redewendungen kennzeichnen.

Eine meines Erachtens geradezu mustergültige Zu-
sammenstellung solcher Lieder ist das Werk des Nachtwächters Friedrich Bock aus Altensteig in
Württemberg; nur eine selbst poetisch veranlagte
Natur vermochte sein Amt so hochpoetisch zu gestalten!

In vielen Fällen hat offenbar der Ortsgeistliche
(man vergl. die Sammlung von Pfarrer Burke) den
Nachtwächter in den Dienst der Kirche gestellt und
ihn zu einem Prediger gemacht, der auch in dunkler
Nacht das Heil verkündet und vor dem Bösen warnt.
Der poetische Wert solcher religiöser Dichtungen hängt
natürlich von der größeren oder geringeren Begabung
der geistlichen Verfasser ab; nebst manchen hausbackenen
Reimereien finden sich Strophen von nicht geringer
Schönheit und echter Volkstümlichkeit.

Endlich erscheinen auch manche Nachtwächter selbst
als Poeten, und warum nicht? Ist ja doch, wie
Herder so schön sagt, die Poesie nicht das Vorrecht
eines Standes, sondern eine Welt- und Völkergabe.

Freilich treffen wir auch hier, wie etwa bei den
biederen Meistersängern, des öfteren recht plattes Zeug,
aber auch manche Perle, würdig, der Vergessenheit
entrissen zu werden, ehe denn des letzten Nachtwächters
letztes Lied verklungen ist und der gefräßige Moloch
Zeit einen Stand verschlungen hat, der zweifellos viel

dazu beitrug, das Leben in den deutschen Städten so poetisch zu gestalten.

Ich wenigstens vermag es nicht, mir eine alt-deutsche Stadt ohne Nachtwächter zu denken, und viele meiner Mitarbeiter, die das Verschwinden der Nacht-wächter schmerzlich beklagen und sich mit Wehmut in ihre Jugendzeit versenken, da der Wächter noch blies und sang und selbst den Kranken Trost brachte, fühlen wie ich.

Zum Beweise möge eine Anekdote aus dem Leben Bismarcks und nebst manchen Bemerkungen in der folgenden Sammlung ein Auszug aus einem Briefe eines Einsenders dienen, der den Eindruck spiegelt, den der Sang des Nachtwächters auf ihn gemacht hat.

Fürst Bismarck gedachte vor kurzem dem Reichs-tagsabgeordneten von Bayreuth gegenüber des poeti-schen Nachtwächterliedes, welches er vor etwa fünfzig Jahren bei seiner Durchreise durch Bayreuth gehört habe. Als er nachts nicht schlafen konnte, sei ihm aufgefallen, daß der Wächter alle Stund ein anderes Lied gesungen habe. Es sei ihm dies im Gedächtnis geblieben, weil die gehörten Lieder ihm unbekannt ge-wesen und durch ihren poetischen Text und ihre hübsche Melodie aufgefallen seien. Er habe sich gedacht, Bay-reuth scheine eine kunstsinnige Bevölkerung zu besitzen, da selbst der Nachtwächter so Schönes sänge.

Und ein Einsender, derzeit praktischer Arzt in einem Württembergischen Städtchen, schreibt u. a.:

„Ich wohnte in den Jahren 1883—85 als junger

lediger Arzt im alten Städtchen Leutershausen und zwar in einem Hause dicht neben dem Thorturme und studierte fast täglich bis Mitternacht. Da war es mir denn ein gar heimliches und trauliches Bewußtsein, wenn nachts (wie in Schillers Lied von der Glocke) das Stadtthor geschlossen wurde und draußen zur Winterszeit Wege und Dächer dicht verschneit waren, allstündlich den altehrwürdigen, fromme Gedanken weckenden Wächterruf zu mir herauf ins einsame, hellerleuchtete Studierstüblein dringen zu hören, der mich auf Momente von den Büchern weg in ferne Zeiten und meine Heimat versetzte."

Was nun die **Form** der eigentlich aus dem Volke stammenden Lieder betrifft, die man als echte **Volkslieder** bezeichnen kann, so ist hie und da, allerdings selten die bei den Minne- und Meistersängern gebräuchliche Dreiteiligkeit der Strophe bemerkbar. Sie scheidet sich in den **Ruf**, das **Lied** und den **Kehrreim**. Sehr deutlich zeigt sich das im badischen Nachtwächterrufe oder im Gesange des Wächters von Wemding, wo ich auf diese Eigentümlichkeit neuerdings aufmerksam mache.

Im übrigen ist eine gewisse **Formlosigkeit** gerade das Merkzeichen des **Volkstümlichen.** Das Volk hat eben keine Poetik studiert; daher wird sein Gewissen durch einen Fuß mehr oder weniger im Verse nicht beschwert, und es begnügt sich bezüglich der Reime vielfach mit halbwegs ähnlichen Klängen (Assonanzen). Reime wie End: Kind, jetzt: Städt',

Gott: fort, Wacht: noch, Licht: behüt, Freud: Geist u. a. begegnen häufig; viele derselben werden in der Mundart als reine Gleichklänge empfunden.

Bezüglich der Mundart kann der aufmerksame Leser ferner die Beobachtung machen, daß gerade die zweifellos aus dem Volke stammenden Lieder eine Mischung von Dialekt und Schriftsprache aufweisen: der einer sprachlichen Bildung entbehrende Wächter will schriftdeutsch singen, weil das vornehm ist, aber die Mundart dringt durch.

Schließlich glaubte ich, den musikalisch gebildeten Lesern durch Beigabe nicht weniger Originalmelo- dien und allen durch Beigabe einiger Bilder von Originalnachtwächtern der Gegenwart, die man als typisch bezeichnen dürfte, Freude zu bereiten.

II.

Stundenrufe und Lieder deutscher Nachtwächter.

Baden.

Badischer Nachtwächterruf.

Hört, ihr Herrn, und laßt euch sagen:
Unsere Glock' hat zehn geschlagen.
Zehn sind der heiligen Gebot',
Die uns gab der liebe Gott.

    :|: Menschenwachen kann nichts nützen,
    Gott wird wachen, Gott wird schützen,
    Er durch seine große Macht
    Geb' uns eine gute Nacht! :|:

Elf Jünger folgten Jesu nach,
Litten mit ihm alle Schmach.

Zwölf ist der Apostel Zahl,
Die da lehrten überall.

Eins ist allein der ewige Gott,
Der uns trägt aus aller Not.

Zwei Wege hat der Mensch vor sich,
Mensch, den besten wähl' für dich!

Dreifach ist, was heilig heißt,
Vater, Sohn und heiliger Geist.

Vierfach ist das Ackerfeld,
Mensch, wie ist dein Herz bestellt?

Dieser Ruf findet sich im älteren Lesebuch für die badischen katholischen Volksschulen, Freiburg i. B., Herder, 1852. Er ist der verbreitetste in Süddeutschland außer Österreich und weist genau die Dreiteiligkeit auf: Ruf, Lied und Kehrreim. Die Textierung weicht jedoch nicht zu ihrem Vorteile in mehreren Strophen von der viel natürlicheren und schöneren Gestaltung ab, wie wir sie in unzähligen Variationen im Volksmunde finden, was mehrfach folgende Proben erweisen dürften.

Beuren bei Meersburg.

?

Um 10 Uhr:

Hört, was ich euch will sagen:
Der Hammer hat zehn Uhr g'schlagen,
Wohl nach zehn Uhr!
Hier steh' ich auf der Abendwacht,
Gott geb' euch allen eine gute Nacht!
Es hat zehn Uhr g'schlagen.
Gelobt sei Jesus Christus!

Um 12 Uhr:

Hört . . .
Wohl nach zwölf Uhr!
Schlaft nur zu in sanfter Ruh',
Bis ich euch den Tag anruf!
Wann's Unglück geit (giebt),
Dann ruf' ich euch.
Helf' uns Gott und Maria!
Es hat zwölf Uhr g'schlagen.
Gelobt . . .

Um 3 Uhr:

Hört . . .
Wohl nach drei Uhr!
Steht nun auf im Namen Jesu Christ,
Der helle Tag vorhanden ist,
Der helle Tag, der nie verlag (ausblieb),
Gott geb' uns allen einen guten Tag!
Es hat drei Uhr g'schlagen.
Gelobt . . .

Markdorf.
?

Laßt euch zehn Uhr nun verkünden!
Werdet ihr auch Ruhe finden

Und Zufriedenheit dabei,
Daß ein jeder glücklich sei?

Eben schlagt die elfte Stunde
Für die Kranken und Gesunde'.
Geb' Gott allen gute Ruh',
Bess're Zeiten auch dazu!

Mitternacht, die Schauerstunde,
Hört ihr jetzt aus meinem Munde.
Schütze Gott uns vor Gefahr
Und vor Unglück immerdar!

Habt ihr hören ein Uhr schlagen?
Laßt euch doch noch einmal sagen:
Kurz ist uns're Lebenszeit,
Seid doch immer stets bereit!

Zwei Uhr ist jetzt schon verklungen,
Zu Gottes Ehre sei's gesungen;
Bald entflieht die Finsterheit,
Lobet Gott in Ewigkeit!

Drei Uhr hat es schon geschlagen,
Doch dies hat noch nichts zu sagen.
Schlaf ein jeder, so lang er kann,
Immer geht es doch nicht an!

Hört, ihr Herren, laßt euch sagen:
Vier Uhr hat es schon geschlagen.
Der Tag, der nimmt jetzt seinen Lauf,
Im Namen Jesu stehet auf!

Weilersbach.

1860.

Um 10 Uhr:

Loset, was i' eu' will sage:
D' Glocke hät zehni g'schlage.
Löschet Sür und Liecht,
Daß euch Gott und Maria b'hüet!
　　Jetzt steh' ich auf der Abendwacht,
　　Gott geb' uns allen eine gute Nacht!
　　Gelobt sei Jesus Christ!

Um zwölf Uhr:

Loset, was i' eu' will sage:
D' Glocke hät zwölfi g'schlage.
Die zwölfte Stund' verflossen ist,
Gelobt sei Jesus Christ!

Um 3 oder 4 Uhr:

Loset, was i' eu' will sage:
D' Glocke hät dreie g'schlage.

Die dritte Stund verflossen ist,
Bald jetzt der helle Tag an'brochen ist.
Gelobt sei Jesus Christ!

Man beachte die Mischung von Mundart (alemannisch) und Schriftsprache. — In den fünfziger Jahren besang ein Nachtwächter von W. um die Neujahrszeit die große Überschwemmung in Hamburg und den großen Brand von Weilersbach am 6. Mai 1834. Leider sind diese Lieder verschollen.

Bayern.

Berneck.

Hört, ihr Herrn, und laßt euch sagen:
Unsre Glock' hat zehn geschlagen.
Zehn Gebote schärft Gott ein,
Lasset uns gehorsam sein!

Hört, ihr Herrn, und laßt euch sagen:
Unsre Glock' hat elf geschlagen.
Nur elf Jünger blieben treu;
Gieb, daß je kein Abfall sei!

Hört, ihr Herrn, und laßt euch sagen:
Unsre Glock' hat zwölf geschlagen.
Zwölf Uhr ist das Ziel der Zeit;
Mensch, bedenk' die Ewigkeit!

Hört, ihr Herrn, und laßt euch sagen:
Unsre Glock' hat eins geschlagen.
Eins ist not, o treuer Gott,
Gieb uns einen sel'gen Tod!

Hört, ihr Herrn, und laßt euch sagen:
Unsre Glock' hat zwei geschlagen.
Zwei Wege hat der Mensch vor sich,
Herr, den bessern lehre mich!

Hört, ihr Herrn, und laßt euch sagen:
Unsre Glock' hat drei geschlagen.
Drei sind's in der Christenheit,
Gott Vater, Sohn und heil'ger Geist.

Hört, ihr Herrn, und laßt euch sagen:
Unsre Glock' hat vier geschlagen.
Vierfach ist das Ackerfeld;
Mensch, wie ist dein Herz bestellt?

Auf, ermuntert eure Sinnen,
Denn es weicht die Nacht von hinnen;

Danket Gott, der uns die Nacht
Hat so väterlich bewacht!

Hier dürfte es am Platze sein, die von Karl Ju-
lius Weber im „Demokritus" überlieferten Nachtwächterrufe behufs Vergleichung mitzuteilen:

Nur acht Seelen waren dort,
Die da glaubten Gottes Wort. (I. Mof. 7, 13.)

Neun undankbar blieben sind,
Sleuch den Undank, Menschenkind!
(Luk. 17, 11—19.)

Zehen Fromme waren nicht
Dort vor Sodoms Strafgericht.
(I. Mof. 18, 20—32.)

Um elf Uhr sprach der Herr das Wort:
„Geht ihr auch in Weinberg fort!"
(Matth. 20, 1—16.)

Zwölf Stunden hat ein jeder Tag,
Wer weiß, wann man sterben mag.

Eins ist not, Herr Jesu Christ,
Laß dich finden, wo du bist! (Luk. 10, 38—42.)

Zwei Wege hat der Mensch vor sich,
Herr, den engen leite mich! (Matth. 7, 13 u. 14.)

Drei Perſonen ehren wir
In der Gottheit für und für.

Vierfach iſt das Ackerfeld,
Menſch, wie iſt dein Herz beſtellt?

(Matth. 13, 3—9.)

Die fünf Wunden bringen euch,
Wenn ihr's glaubt, ins Himmelreich.

Wenn Weber dieſe Rufe und die der Nachtwächter
überhaupt kurzweg als „reine Plattheiten“ bezeichnet,
ſo überlaſſe ich eine Richtigſtellung dieſes harten Ur-
teils getroſt den Leſern dieſer Sammlung; ſie werden
unter mehrfachen Plattheiten wahrhaft dichteriſche Er-
güſſe finden.

Burghauſen.
1855.

Mei = ne Herrn und frau'n,

laßt euch ſag'n: der Ham = mer hat

(zeh = ne) g'ſchlag'n, hat g'ſchlag'n. Gebt's

acht aufs Feu-er und aufs Liacht, daß kan

Un - glück net g'schiacht! Hat (zeh - ne)

g'schlag'n! hat (zeh - ne) g'schlag'n!

Dorfen bei Erding.

Um 1865.

Meine Herrn und Frauen, laßt euch sag'n: der

Hammer auf der Uhr hat (zehne) g'schlag'n, hat

(zeh-ne) g'schlag'n. Gebt acht auf Feu - er

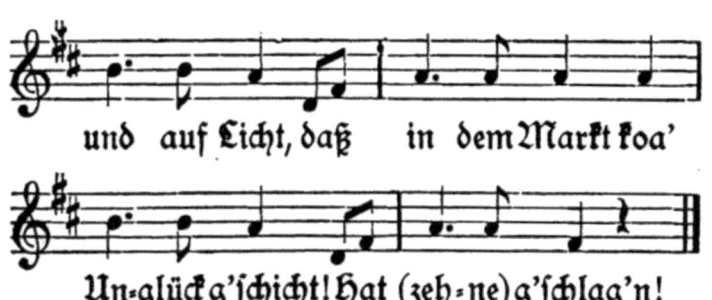

und auf Licht, daß in dem Markt koa'

Un=glück g'schicht! Hat (zeh=ne) g'schlag'n!

Gussenstadt.

?

Um 8 Uhr:

Nur acht Seelen waren dort,
Die da glaubten Gottes Wort.
Wohlhin mit achte!

oder:

Geister fanget an zu spucka,
Niema soll mai (mehr) außegucka!

oder:

Feuer und Licht wohl zu bewahren,
Sollt ihr euern Fleiß nicht sparen!

Um 9 Uhr:

Neune, die gereinigt sind,
Wollten nicht mit Dank umkehren,
Daß sich nur der zehnte find't,
Seinen Arzt zu Gott sich kehren.

Seele, denk' nur fleißig dran,
Was der Herr hat Gut's gethan!

Um 10 Uhr:

Zehn Gebote setzt Gott ein,
Wir sollen ihm gehorsam sein,
Gehorsam sein nach seinem Wort,
Ihn allzeit ehren hier und dort.

Von 11—2 Uhr wie in Berneck (Bayern).

Um 3 Uhr:

O Jerusalem, du schöne,
Da man Gott beständig ehrt
Und das himmlische Getöne
„Heilig, heilig, heilig!" hört,
Ach, wann komm' ich doch einmal
Hin zu deiner Pilgerzahl?!
Wohl hin mit dreie!

Hof.

?

Hornsignal.

Hört, ihr Her-ren, laßt euch sa-gen:

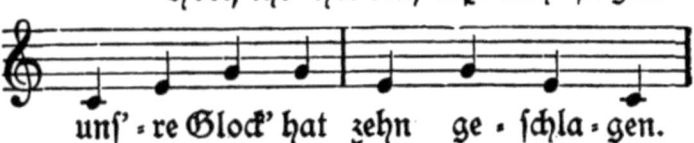

uns'-re Glock' hat zehn ge-schla-gen.

Zehn Ge = bo = te   schärft Gott ein,

ach, laßt uns ge = hor-sam sein!

Die folgenden Strophen wie in Berneck.

Die Zahl der Stöße richtete sich nach der ausge-
rufenen Stunde. Die liebe Jugend pflegte dem Wächter
als einem Freunde eines halbbitteren Schnapses im
Tone und Rhythmus des Hornsignales nachzurufen:

Halb = bitt'r   ist   gut!

Kochel.

Meine lieben Herrn und Frau'n, laßt euch
                                    sag'n:
Der Hammer auf der Uhr hat . . . Uhr
                                    g'schlag'n.
. . . Uhr schlagt's auf alle Uhr'n
Und z' Kochel aufm Michelsturm.
Gebt's acht aufs Feuer und aufs Licht,
Daß ja im Dorf kein Unglück g'schicht;

Denn ist der Funken noch so klein,
Er äschert ganze Häuser ein!

Kulmbach.

1870.

„Zehn Gebote schärft Gott ein" u. s. w. mit dem ständigen Kehrreim:

Menschenwachen kann nichts nützen,
Gott wird wachen, Gott wird schützen.
Herr, durch deine Huld und Macht
Gieb uns eine gute Nacht!

Abdanklied an Sonntagen:

Auf, ermuntert eure Sinnen,
Denn es weicht die Nacht von hinnen,
Gott sei Dank, der diese Nacht
Hat so väterlich gewacht!
Wachet auf, es kommt der Tag,
Der Tag des Herrn, er ist uns nah!

Neujahrswunsch:

Das alte Jahr vergangen ist,
Das neue geht jetzt an,
So wünschen wir euch Glück und Rat,
So gut ein Wächter kann.

Vor Pestilenz und teurer Zeit
Behüt' uns, frommer Gott,
Im Glauben einig, stets bereit,
Hilf uns aus aller Not!
Dem König, Rat, der Bürgerschaft
Verleihe Fried' und Ruh',
Dann bringen wir das neue Jahr
Recht froh und glücklich zu!
Amen, Amen, es werde, werde wahr!

Langenzenn.

Um 9 Uhr:

Neun versäumten Dankespflicht,
Mensch, vergiß der Wohlthat nicht!

Die übrigen Stunden wie in Berneck (Bayern).

Gegenwärtig ruft der Wächter im Sommer um 3, im Winter um 4 Uhr zum letztenmal. In früheren Zeiten rief er auch noch um 5 Uhr und sang:

Aus fünf Wunden floß sein Blut,
Der Geist des Herrn bleibt ewig gut.

Die Nachtwächter von L. haben auch für das An-zünden und Ablöschen der Straßenlaternen zu sorgen.

Münchenreuth.

Um 10 Uhr:

Hört, ihr Herrn, und . . .
Um 10 Uhr tret' ich an die Wacht,
Gieb uns, Gott, eine gute Nacht!

Um 11 Uhr:

Elf der Jünger waren rein,
O, laßt uns all gehorsam sein!

Um 12 Uhr:

Zwölf Uhr ist die mittlere Zeit,
Mensch, bedenk' die Sterblichkeit!

Um 1 Uhr:

Der einz'ge du, Herr Jesu Christ,
Unser aller Erlöser bist.

Um 2 und 3 Uhr = Berneck (Bayern).

Neuessing.

Ihr Herrn und Frau - en,

laßt euch sag'n: d'r Hammer auf der Uhr hat

(zehn) Uhr g'schlag'n, hat zehnmal g'schlag'n.

Pappenheim.

?

Nur acht Seelen u. f. w.

mit folgender Abweichung:

Um 3 Uhr:

Treu ift Gott, er lüget nicht
Und hält ftets, was er verfpricht.

Diefes „Treu" = 3 erinnert lebhaft an den Brief einer Köchin an ihren geliebten W 8 meifter, dem fie ewig 3 zu bleiben verfpricht.

Paffau.

1840.

Ihr Herrn und Frauen u. f. w.

Um 3 oder 4 Uhr:

„Hausdirn, fteh' auf und rig'l di',
Sonft kommt die Frau und prügelt di',
Mirk auf!"
„J' fteh' nit auf, i' lieg' gar warm,
J' hab' das kloane Kind im Arm,
Mirk auf!"

Um Neujahr und Dreikönig:

„Wir wünschen dem Herrn an goldna Tisch,
An jed'n Eck an bachna Sisch,
Wir wünschen dem Herrn und der Frau an
goldna Waga,
Daß d'r Herr und d' Frau in'n Himmel
könna fahra!"

Sulzschneid.
1890.

Um 10 Uhr:

Zehn Uhr schlägt's. Nun gute Nacht,
Gott hat's heute wohl gemacht!
Hast du ihn dafür geliebt,
Ihm gedankt, niemals betrübt?
Fall' zu Füßen ihm aus Reue
Und versprich ihm größ're Treue;
Denn dann machet Jesu Blut
Jeden Schaden wieder gut!

Um 11 Uhr:

Auf unserm Turm es elf Uhr ist,
Gelobt sei stets Herr Jesus Christ!
Jetzt alles ruht; nur lobet dich
Der Engel Chor. Der Stern neigt sich.

Schenke Trost betrübten Herzen,
Lind're auch der Kranken Schmerzen,
Send' uns deinen Engel zu,
Der uns bringe Trost und Ruh'!

Um 12 Uhr:

Mitternacht ist's! ruft die Uhr,
Schweigend ruht jetzt die Natur.
Gott, der Hüter in der Nacht,
Giebt so treulich auf uns acht,
Läßt den Mond am Himmel stehen
Und die stille Welt besehen,
Und die lieben Sternelein
Gucken in die Welt hinein.

Um 1 Uhr:

Ein Uhr ist's! Nur Eins thut not:
Über alles liebe Gott,
Wegen Gott den Nächsten lieb',
Thu' ihm wohl und gern vergieb;
Dich selber aber mußt du hassen
Und Jesu Kreuz umfassen,
Denn durch Thränen, Schmerz und Leid
Führt der Weg zur Seligkeit.

Um 2 Uhr:

Zwei Uhr ist gottlob! vorbei,
Gottes Güte wird jetzt neu,

Segnend streckt er seine Hand
Wieder über Meer und Land.
Der Tag, der fängt schon an zu grauen,
Christ, fang' an, auf Gott zu bauen,
Steh' bald auf in Jesu Christ,
Der für dich erstanden ist!

Wemding.

Nun hört, ihr Herren, und laßt euch sagen:
Soeben hat's neun Uhr geschlagen!
Die Zeit, zu ruhen, rückt heran,
Wohl dem, der seine Pflicht gethan!
So loben wir aus Herzensgrund
Gott und Maria jede Stund'!
    Hat neun Uhr geschlagen!

Nun hört, ihr Herren, und laßt euch sagen:
Soeben hat's zehn Uhr geschlagen!
Bewahrt das Licht, löscht aus das Feuer,
Nachlässigkeit büßt man oft teuer!
So loben wir aus Herzensgrund
Gott und Maria jede Stund!
    Hat zehn Uhr geschlagen!

Nun hört, ihr Herren, und laßt euch sagen:
Soeben hat's elf Uhr geschlagen!

Schlaft wohl in Gottes weiser Hut,
Da schläft man sicher, sanft und gut.
So loben wir aus Herzensgrund
Gott und Maria jede Stund'!
    Hat elf Uhr geschlagen!

Nun hört, ihr Herren, und laßt euch sagen:
Soeben hat's zwölf Uhr geschlagen!
Vollendet ist der Tag, o Gott,
Und wir sind näher bei dem Tod.
So logen wir aus Herzensgrund
Gott und Maria jede Stund'!
    Hat zwölf Uhr geschlagen!

Nun hört, ihr Herren, und laßt euch sagen:
Soeben hat's ein Uhr geschlagen!
Dem Leidenden, der jetzt noch wacht,
Verkürze Gott die lange Nacht.
So loben wir aus Herzensgrund
Gott und Maria jede Stund'!
    Hat ein Uhr geschlagen!

Nun hört, ihr Herren, und laßt euch sagen:
Soeben hat's zwei Uhr geschlagen!
Wie ruhig schläft der in der Stadt,
Der noch ein gut's Gewissen hat!

So loben wir aus Herzensgrund
Gott und Maria jede Stund'!
Hat zwei Uhr geschlagen!

Nun hört, ihr Herren, und laßt euch sagen:
Soeben hat's drei Uhr geschlagen!
Lobt Gott den Herrn für diese Nacht,
Der ist's, der uns so treu bewacht!
So loben wir aus Herzensgrund
Gott und Maria jede Stund'!
Hat drei Uhr geschlagen!

Wiggensbach.

1840.

Um die angegebene Zeit lebte in Wiggensbach ein
origineller Nachtwächter, der wohl eher in die Zeit der
biederen, wohlmeinenden Meistersänger, als in unser
prosaisches Maschinenjahrhundert gepaßt hätte.

Gleich den Meistersängern fand er seine einzige
Unterhaltung in der „holdseligen Kunst", auch in seinem
Kopfe summten mitten unter der Arbeit allerlei fromme
Lieder zu Gottes Ehr' und Preis; aber auch er betrieb
gleich seinen hausbackenen Vorgängern die Poesie so
handwerksmäßig, daß der liebe Gott im Himmel nach
seiner väterlich milden Art wohl den Willen fürs Werk
gelten lassen mußte.

Mag der Leser der folgenden formlosen, aber immerhin originellen Reimereien, die ihm wohl ein Lächeln abnötigen dürften, dasselbe thun.

Des poetisch angehauchten Wächters anspruchslose Ortsgenossen wenigstens waren mit dessen Liedern so zufrieden, daß er sich veranlaßt sah, sie zu sammeln und 1840 in Druck herauszugeben. Das unter dem Titel „Der Nachtwächter von Wiggensbach" erschienene Druckheft ist verschollen; immerhin dürften einige Proben von Interesse sein.

Schon die Vorrede ist charakteristisch. Sie lautet:

Das Dichten ist für mich wohl etwas hart,
Denn ich verkopfe mich so manchen Tag;
Doch das bißchen Verstand und selbstempfun=
dene Gefühl,
Das war mir verhilflich zu dem, was ich will.
Und was ich bei Tag so merklich brachte in
Gang,
Das tragt' ich euch zur Nacht vor im ge=
wöhnlichen Gesang.
Jedoch in schwer zu verkopften Arbeitstagen
Konnte ich mich nicht mit dergleichen Sachen
plagen,
Nur wenn die Arbeit an sich selbst geläufig ist,
So etwas dann meine einzige Unterhaltung ist.

Es ist freilich gar nicht mit Gelehrtheit geziert,
Doch weil's euch allen so wohlgefällt, so ist's
genug rekommandiert,
Und weil schon so viele die Erklärung davon
haben verlangt,
So mach' ich fürs vergangene Halbjahr auch
alles schriftlich bekannt.

1.

In den ersten zwei Nachtstunden.

Hört, ihr Herren und Frauen, was ich euch
will sagen:
Der Hammer und der hat 10 (oder 11) Uhr
g'schlagen.
Jetzt habe ich gerufen vor eurer Thür,
Und wenn's sollte brauchen, so zeuget's mir.
Jetzt wisset ihr, daß es schon 10 (oder 11)
Uhr ist,
Ich sag': Gelobt sei Jesus Christ!

2.

Bei stockfinsterer Nacht, eine gute Ermahnung an versteckte Diebe.

Hört, ihr Herren und Frauen, was ich euch
will sagen:
Der Hammer und der hat 10 Uhr g'schlagen.

Mancher Dieb schleicht jetzt da oder dort
   wohl um das Haus
Und sucht sich gewiß etwas zum Stehlen aus;
Denn er will benützen die Stunden der stock-
   finstern Nacht,
Weil er den lieben Tag mit Faulenzen hat
   zugebracht.
Darum ist ihm die Finsternis der Nacht so
   überaus lieb,
Weil er ist ein gottvergessener Tagedieb.
Darum höre, was ich dir zur guten Warnung
   will sagen,
Alle Werke der Finsternis kommen früh oder
   spät gewiß noch an den Tag
Und werden gestraft schon hier in der Zeit
Und dort dann gewiß sehr schrecklich in der
   Ewigkeit.
Darum thut doch dem lieben Gott für diese
   Ermahnung Lob und Dank sagen,
So oft der Hammer thut 10, 11 oder 12 Uhr
   schlagen!

3.
In den stärkeren Schlafstunden.

Ihr lieben Herren, laßt euch sagen:
Der Hammer und der hat 12 Uhr g'schlagen.
Schon 12 Uhr!
Lobet Gott und Maria!

4.
In der ersten Stunde, wenn die Feldarbeit stark betrieben wird.

Hört . . .
Und weil die Stunden des Tages unter der
    Luft der Arbeit sind dahingeschwunden,
So ist die Ruhe der Nacht für den müden
    Arbeiter jetzt auch angekommen,
Und damit auch die Ruhebedürftigen in ihrem
    Schlaf gar nicht werden verstöret,
So haben die hiesigen Bürger mich als Nacht-
    wächter für sie bestellet.
So will ich also jetzt und auch in allen
    Stunden
Das Dorf durchstreifen mit der wohlgeschlif-
    fenen Lanze und mit meinem wachbaren
                 Hund.

Es wird aber durch den Mund der Propheten
    uns gesagt zu gunsten:
Wenn der Herr die Stadt nicht bewachet, so
    wachen alle Nachtwächter ganz umsunsten.
Darum laßt uns für diesen göttlichen Schutz
    Gott allzeit loben und Dank sagen,
So oft der Hammer thut 10, 11 oder 12 Uhr
    schlagen!

5.

Um 3 Uhr beim Tagrebell. [1]

Auf, auf, auf, ihr Bürger, und schlafet nicht
                    mehr lang!
Die Nacht ist schon vergangen, der Tag fängt
                    wieder an.
Es zeiget sich bald das Morgenrot.
Steht auf und erhebt euer Herz zu Gott!
Thut also bitten und flehen
Um alles Wohlergehen,
So wird euch Gott seinen Segen geben
Für dieses und das zukünftige Leben,
Euch allen und mir dazu,
Den Seelen die ewige Ruh'.

---

[1] Reveille.

6.
Ein anderer um 3 Uhr, gewöhnlich am Sonntag.

Gott ist weise, groß und gut,
Gut ist alles, was er thut,
Darum setzet nun gern
All euere Hoffnungen auf den Herrn;
Denn allwo der Mensch nicht mehr wachen
kann,
Da nimmt sich Gott doch unser an.
Darum setzet nun gern
All euere Hoffnungen auf den Herrn!

7.
Um 3 Uhr beim lieblichen Lerchensang.

Das Lerchlein schon in den Lüften schwebt
Und singt gen Himmel an,
Vom grünen Feld es sich erhebt
Und tröstet den Arbeits-, Bauers- und
Wandersmann.
Gar hoch thut es sich schwingen,
Daß man es kaum noch hören kann,
Im Zirkel herum thut's singen:
Lobet Gott den ganzen Tag! Lobet Gott
den ganzen Tag!

8.

Am heiligen Ostertag.

Als drei Tag' und Nacht vorüber waren,
Da kamen fromme Frauen zum heiligen Grab,
Da haben sie von dem Engel Gottes gleich
    erfahren,
Jesus ist auferstanden und ist nicht mehr da.
Er sprach: „Was suchet ihr den Lebendigen
    unter den Toten?
Gehet hin und sagt es dem Petrus zu seinem
    Trost,
Daß er in Galiläa vor allen Jüngern her=
    vorgehe,
Und so werden sie ihn gewiß als Auferstan=
    denen sehen!"
Darum laßt uns für die trostreiche Aufer=
    stehung unseres Fleisches Gott allzeit
        loben und Dank sagen,
So oft der Hammer thut 1, 2 oder 3 Uhr
    schlagen!

9.

Am Geburts- und Namensfeste des allergnädigsten Königs. [1]

Der Donner des Geschützes kündigt uns in
    der Hauptstadt einen hohen Festtag an,
Nämlich den Geburtstag unsers allergnädig-
    sten Königs, wie auch seinen ruhm- und
    ehrwürdigen Namen;
Denn wie wir in dem Brief Pauli an die
    Römer lesen,
So trägt er nicht sowohl das Schwert zum
    Schutze der Guten, als vielmehr zum
    Schrecken und Strafe der Bösen.
Aber unsere landesväterliche Milde verbreitet
    sich nicht allein über die ersten, sondern
    auch über die letzten aus,
Darum ehret man so allgemein das huldvolle
    Königshaus.
Ja, nicht nur allein allgemein, sondern auch
    jeder einzelne Unterthan
Ist in Liebe und Treue dem allergnädigsten
    König so überaus zugethan.

---

[1] König Ludwig I. Karl August von Bayern, geboren 25. August
1786.

Darum flehen wir zum Himmel, daß er uns
　　noch lange werde erhalten,

Und der Allmächtige ihn schütze, wache und
　　walte.

Alsdann sind wir glücklich und haben gar
　　nichts zu befürchten;

Denn wir stehen unter seinem Schutze und
　　liebreicher Macht,

Welche viel lieber belohnt und huldvoll ver-
　　schont und nur sehr ungern bestraft

Und so uns alle ganz weislich regiert

Und nur so zu unserm Wohlstand und Glück
　　hinführt.

Darum laßt uns Gott für einen so guten
　　König loben und Dank sagen,

So oft der Hammer thut eine Stund' oder
　　Viertel schlagen!

10.

**Am Geburts- und Namensfest unserer aller-
gnädigsten Königin.** [1])

Heute thun wir das Geburts- und Namens-
　　fest unserer allergnädigsten Königin
　　　　　　Theresia begehen,

---

[1]) Therese, Prinzessin von Sachsen-Hildburghausen, die ihrem
Gemahl 4 Söhne und 4 Töchter schenkte.

Und darum suchen wir sie als eine wahre
Landesmutter zu ehren;

Denn sie hat uns acht königliche Sprößlinge
geboren

Und Otto, ihren Liebling, (nach dem Plan
der Vorsehung) für ein entferntes
Land erzogen,

Welcher sich mit der herzoglichen Amalie von
Oldenburg als ehelich verband

Und jetzt von griechischen Unterthanen königliche Huldigung empfangt.

Aber ihr erstgeborner Kronprinz Maximilian

War nicht nur ihr Liebling, sondern die
Freude aller Unterthan;

Denn an guten, wohledlen Sprößlingen ist
nicht nur allein viel, sondern wohl
gar alles gelegen,

Denn sie sind nicht allein für uns, sondern
für manche Ausländer zum Segen.

Gerade an der Königin selbst ist der Beweis,
daß sie nicht allein Mutter für die
Ihrigen sei,

Sondern eine wahre Landes-Mutter für uns
alle zugleich.

Darum lebe hoch sie und ihr wohledles
königliches Haus,
Und ein so wohledles Geschlecht sterbe ewig
nicht aus!
Darum laßt uns Gott für solche Himmels-
schätze allzeit loben und Dank sagen,
So oft der Hammer thut diese oder eine
andere Stunde schlagen!

In ähnlichen, atemraubenden „Streckversen", gegen
die sich Jean Pauls Verse verkriechen müssen, besingt
der Nachtwächter von Wiggensbach noch eine große
Anzahl kirchlicher Feste.

Wunsiedel.

1866

Langsam.

Hört, ihr Herrn, und laßt euch sa - gen:

uns' - re Glock' hat zehn ge-schlag'n;

zehn Ge - bot uns Gott schärft ein,

drum laßt uns ge · hor · sam sein!

Bremen.

Bremerhafen.

Altfriesischer Wächterruf:

De Klock hett (thein) slagen,
(Thein) is de Klock, südwest de Wind,
Behüt' di' Gott, du Minschenkind!

Der Ruf wird jede Stunde wiederholt und dabei
die veränderte Windrichtung angegeben.

Elsaß.

Herr Seminardirektor Dr. Bruno Stehle in Kol·
mar hat mir seine teilweise in der ›Alemannia‹ ver·
öffentlichte Sammlung von Nachtwächterliedern aus
dem Elsaß, sowie einige Manuskripte freundschaftlichst
zur Verfügung gestellt. Ich halte es fürs beste, den
erwähnten Aufsatz mit den sich aus dem handschrift·
lichen Materiale ergebenden Ergänzungen hier wieder·
zugeben.

„Verſunken und vergeſſen, das iſt des Sängers
fluch!" So ſchließt Uhland ſeine bekannte Ballade.
Verſunken — wenn auch ohne fluch — in den Strom
der Zeit, der unbarmherzig das Alte mit ſich fortreißt,
iſt das Nachtwächterlied mit dem Sänger faſt überall.[1]
Du findeſt ihn ganz ſelten mehr, den Wächter mit dem
langen Mantel, der Laterne und dem gewaltigen Spieß.
Ehedem war er eine gewichtige Perſönlichkeit; denn
er hatte dafür zu ſorgen, daß „die Nacht den ſicheren
Bürger nicht ſchrecke". Heute verſieht die Polizei ſeinen
Dienſt, Schutzleute ziehen die Kontroluhr ſtündlich auf.

Sein Lied iſt auch vielfach vergeſſen. Ich habe
ihm im Elſaß nachgeſpürt und aus vielen Gemeinden
die Nachricht erhalten, früher ſei wohl geſungen worden, aber der Nachtwächter ſei ſchon lange tot und
man kenne den Wortlaut der Lieder nicht mehr.

So möge das Wenige, was ich geſammelt, durch
dieſe Blätter aufbewahrt bleiben, ehe es auch verweht
wird durch den mächtigen Sturm des neuen Geiſtes,
der in die Welt gezogen, und verſchwindet wie das
fallende Laub im Herbſte.

In vielen Gegenden wie Ammerſchweier,
Blodelsheim, Banzenheim, Hauſen, Nieder-
morſchweier, Orſchweier, Uffheim, Wol-
ſchweier wurde zu jeder Stunde der Nacht der Vers
geſungen:

---

[1] Unſere Sammlung dürfte wohl erweiſen, daß die biederen,
ſangreichen Nachtwächter noch nicht völlig ausgeſtorben ſind; wird
aber nimmer lange dauern!

Horcha, was i eich will saja:
Die Glock hat . . . g'schlaja.
Gan wol acht auf Sir und Liacht,
Daß uns Gott vor Sir behiat!

Mehrfache Abwechslung zeigen die beiden letzten Verse, so in Dammerkirch, Dessenheim, Geberschweier, Hattstadt, Herlisheim, Westhalten:

Lescha Sir und Liacht,
Daß eich Gott und Maria b'hiat!

oder:

Lescha Sir und Liacht,
Daß uns d'r liawa Gott vor all'm Unglück
b'hiat!

oder:

Namt Sir und Liacht in acht,
Gott geb uns alle a güati Nacht!

oder in Pfetterhausen:

Schlaft in Gottes Nama i',
Gott der Herr werd euer Wachter si'!

oder in Sennheim:

Sir und Liacht namma (nehmet) wohl in acht,
Gott geb eich alle e guati Nacht!

In Dammerkirch, Geberschweier, Westerhalten u. a. werden auch noch die beiden Verse angehängt:

Jetzt stand i uf d'r Wacht,
Gott gaw uns alle e güati Nacht!

In Uttenheim, wo sich wohl Witz und Geist
aus den Zeiten erhalten hat, als das kleine Dörflein
den Elsäßer Schulen große Gelehrte stellte, wandelte
ein Spaßvogel den Vers in die Worte um:

Lescha Sir und Ampla,
Und lega (lieget) ins Bett un strampla!

In den meisten Gemeinden machte der Wächter
nur zweimal die Runde, um 10 Uhr und um 2 Uhr;
das erste Mal, um die Nacht, das zweite Mal, um den
Tag anzukündigen. In Dorlisheim sang er dagegen
zu jeder Stunde der Nacht:

Höret, was i eich will saga:
Die Glock hat (elf) geschlaga,
Lobet den Herrn!

Mitternachtsstunde — gefürchtete Stunde; deshalb
sang der Wächter auch einen kräftigeren Vers, wie in
Sundhofen:

Hera, was i eich wil saja:
Unsri Glock hat zwelfi g'schlaja.
Zwelf Apostel sind bereit
Züa des Lammes Hochzitsfreid.

In Herlisheim lauteten die Worte in dieser
Stunde:

Hera . . .

Die Glock . . .

Der Wächter uf der Gaß

In der finstren Nacht!

Gott geb eich allen eine güate Nacht!

Ähnlich in Rheinau um dieselbe Zeit:

Die Glock het zwelf geschlaje.

Bewahret Feir und Liacht,

Daß eich Gott und Maria b'hiat!

Wer (wir) Wächter auf der Wacht

Wensche eich alle e güati Nacht.

Unterdes ist es Morgen geworden; um 2 Uhr, seltener um 3 Uhr, machte der Wächter seine letzte Runde; da sang er in Ammerschweier, Dammer-kirch, Orschweier und Westhalten:

Hera, ihr Bürger, was ich eich will saja:

Die Glock hat zwei geschlaja.

Steht auf im Nama Herr Jesu Christ,

Der helle Tag vorhanden ist!

Der helle Tag, den Gott uns gab,

Gott geb uns alle ein gueta Tag!

In Banzenheim, Geberschweier, Hatt-stadt, Heiligkreuz, Ingersheim u. a. hatte der Vers die Wendung:

. . . . . .
Der Tag kommt heran zu schleicha
Den Arme und den Reicha.
Ich wensch eich alle ein gueta Tag!

Für die Worte: „Der helle Tag, den Gott uns
gab" sang man in Banzenheim:

Der helle Tag, der alles vermag.

Ähnlich in Dorlisheim:

Hera . . .
Standet auf im Namen Herr Jesu Christ!
Der helle Tag vorhanden ist,
Der Tag, der kam zu schleicha
Über Berg und grüne Eicha.
Der helle Tag, der nicht verzag!
Gott geb uns allen ein güata Tag!

In Sennheim:

Gott geb . . .
Der Tag vertribt dia fenschtera Nacht,
Ehr liawa (liebe) Lit, seid munter und wacht
Und lowa (lobet) Gott dana Herrn!

Für „schleichen" sang der Wächter in Kalten-
hausen „bleichen".

Aus einigen Gemeinden sind auch die Neujahrs-
lieder überliefert, mit denen um die zwölfte Stunde
das neue Jahr begrüßt wurde.

So aus Deſſenheim:

Horche, ihr Berger (Bürger), was i' eich
                    will ſage:
D' Glock' hät zwölfi g'ſchlage.
Das alte Johr eſch vergange,
Un' 's neie hät angefange.
Un' i' wenſch eich alle e' gleckſelig's neis
                    Johr!

Aus Enſisheim:

    Loſa, was i eich will ſaja:
    D' Glock hett zwälfi g'ſchlaja.
    's alte Johr iſch uma,
    's neia iſch kumma;
    D'r Tag brecht a,
    D'r Tag kunnt geh z' ſchlicha
    Dann Arma wia dann Richa.
    D'r arm Tag, d'r edle Tag,
    Der alles vermag.

In Dorlisheim hatte der Spruch manche Abänderung:

    Hera, was i eich will ſaga:
    Die Glock hat zwelf geſchlaga.
    Das alte Johr vergange iſch,
    Wir danke dir, Herr Jeſu Chriſt.

Wir wünsche eich ein neues Johr,
Friede, Freude, Glückseligkeit!
Alleluja, Viktoria!

In Ingersheim versammelten sich in der Neujahrsnacht sämtliche Wächter vor dem Hause des
Bürgermeisters und sangen:

„Das neue Jahr ist angekommen,
Drum haben wir uns vorgenommen,
Euch zu wünschen in der Zeit
Frieden, Glück und Seligkeit!"

In Bischofsheim wurde der Bürgermeister und
der Beigeordnete mit einem besonderen Spruche begrüßt, dem auch eine Bitte beigefügt wurde. Er lautet:

Ich wünsche eich zum neuen Jahr:
So viel Stern am Himmel steh'n,
So viel Reh im Walde geh'n,
So viel Tröpflein Regen:
So viel Glück und Segen!
Drauf braucht ihr eich nicht lang zu bedenken,
Ihr könnt mir gleich etwas zum neue Johr
schenken.

Aus Ammerschweier ist auch der Segensspruch
überliefert, den der Nachtwächter rief, wenn ihm ein
Geist begegnete:

Ich un alli gueti Geischter
Loben ihren Meischter.
Erhalt mir mi Lawa! (Leben)
Was isch din Bagahra? (Begehren).

Doch nicht ganz ist der Nachtwächter im Elſaß ver-
ſchwunden; in Kientzheim, unweit Kolmar, waltet
er noch ſeines Amtes. Da beginnt er ſeine Runde im
Winter um 9 Uhr, im Sommer um die 10. Stunde.
Seine Lieder gleichen den angeführten; doch bringt auch
er ſeine eigenen vor. So ſingt er um 11 Uhr:

Hera, was i eich well ſaja:
Die Glock hett elfi g'ſchlaja,
Em Nama d'r heiliga Dreifaltigkeit,
Gott Vater, Gott Sohn, Gott heiliger Geiſcht.

Allein wenn auch heute noch in Kientzheim geſungen wird, in früherer Zeit war es doch anders.
„Vor Jahren,“ erzählt der alte Nachtwächter, „da
ſetzte ich jede Stunde einen kleinen Vers dem gewöhnlichen Liede zu. Aber jetzt ſind die Leute ſchlimmer
geworden; ſo gut ich es auch meine, ſie verſtehen mich
nimmer, und ſo laſſ' ich meine früheren Lieder beiſeite.
Als wir noch als rechte Bürger beiſammen wohnten,
ſang ich z. B. folgendes
um 1 Uhr:

Die Einigkeit un die Zufriedenheit
Macht eich glecklig zu jeder Zeit.

oder:

Eins, des esch jo a kleini Zahl,
Aver alles fangt mit eins a.

um 2 Uhr:

Die Glock hett zwei g'schlaja;
A mancher Mansch, der labt en großem Gleck
Und ischt dabei doch mißvergnegt.

oder:

Der Mansch vergaß es niemols nett,
Daß si Verblieba do esch nett."

In Kientzheim, vielleicht in wenigen anderen Gemeinden, hat sich aus der guten alten Zeit das Nacht- wächterlied erhalten. Es ist noch eine übrig gebliebene Säule von dem früher stattlichen Bau volkstümlichen Dichtens und Lebens. Aber sie prangt nicht mehr in alter, üppiger Pracht, der alte Nachtwächter von Kientzheim sagt es ja. „Auch diese, schon geborsten, kann stürzen über Nacht."

Hessen-Darmstadt.

Klein-Hausen.

Hört, ihr Herrn, was will ich euch sahe:

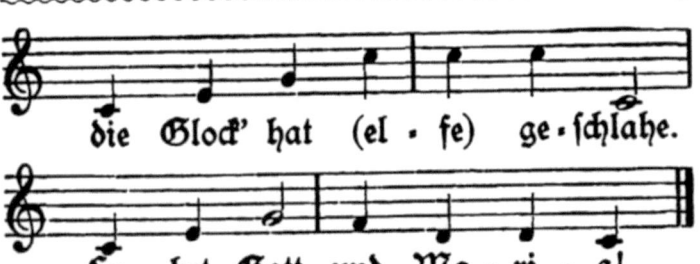

die Glock' hat (el - fe) ge - schlahe.

Lo - bet Gott und Ma - ri - a!

In derselben Gegend der Tagruf:

„Mein Gott, nun wird es wieder Morgen,
Die Nacht vollendet ihren Lauf,
Nun wachen alle uns're Sorgen
Mit einem Male wieder auf!
Lobet Gott den Herrn!"

Mainz.

Hier rief der Nachtwächter in der Zeit der franzöfifchen Revolution:

Lobet Gott, den „Bürger"!

Lübeck.

Lübeck.

Um 1850.

Im nördlichen Stadtteile die allgemein verbreiteten Rufe:

Hört . . .

Bewahret . . .

Im südlichen Stadtteile nur:

> De Klock hett tein (10) slagen,
> Tein is de Klock!

Oldenburg.

Jever.

?

Abends:

> Hört . . .
> Bewahret . . .

Morgens:

Der Tag vertreibt = Sennheim (Elsaß).

In der Zeit der französischen Fremdherrschaft:
Hört, ihr Deutschen, und laßt euch sagen:
Die Russen haben die Franzosen geschlagen,
Sie haben sie geschlagen in Moskau fein,
Dies lasset euch gesaget seyn,
Und lobet Gott den Herrn!

Einhunderttausend Mann sechs oder sieben,
Die sind durch die Kälte aufgerieben,
Der Prinz Vice-König ist auch dahin,
Das macht der tapfere Rostopschin
Und die gerechte Sache.

Napoleon ist nun der Kopf geschoren,
Seitdem er die große Armee verloren.
Der Tag vertreibt die finstre Nacht,
Ihr lieben Deutschen, seyd munter und wacht,
Vivat der russische Kayser!

Wer's mit den Russen nicht redlich wird halten,
Dem muß das Herze im Leibe erkalten,
Der Deutsche müßte ein Esel seyn,
Der's mit den Russen nicht redlich meynt,
Der T..... hol' die Franzosen!

Preußen.

St. Andreasberg.

Um 10 Uhr:

> Hört . . .
> Bewahret . . .

Um 11 Uhr:

Elf Apostel u. s. w. = Berneck (Bayern).

Der Gewährsmann, Karl Bode, Professor der Musik in Brooklyn, Nordamerika, schreibt:

„Am fernen Strande des schönen Hudson lasen wir in der New-Yorker Staatszeitung, daß Sie die entschwindenden Reste einer populären Nachtpoesie der

Nachwelt zu erhalten bestrebt sind. So wollen Sie gefälligst einen kleinen Beitrag von einem Amerikaner entgegennehmen. Diese Weise wurde, soweit mein Gedächtnis reicht, vor etwa sechzig Jahren in der Oberharzer Bergstadt St. Andreasberg von den Nacht-wächtern gesungen. Es ist eine Überlieferung von meiner teuren Mutter, die vor achtzig Jahren dort oben im Harz geboren wurde. Die geliebte alte Frau sang uns die Weise gar oft, und so fanden wir Zeit, inmitten unseres gewaltigen Weltstadt-lebens trotz allen Materialismus Heimat-klänge zu kultivieren.

Emmerich.

1845.

Altes niederländisches Nachtwächterlied.

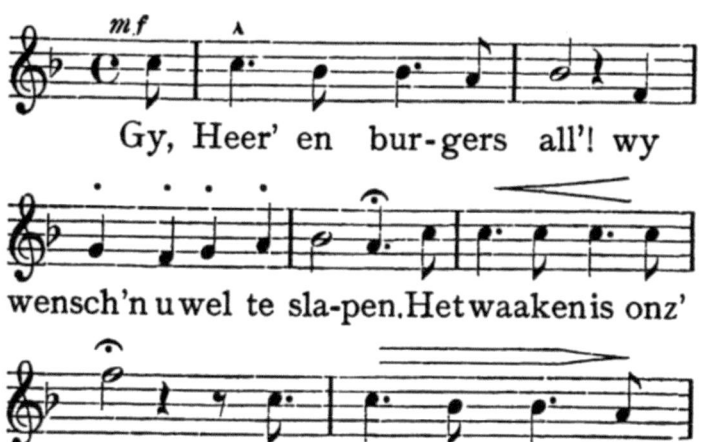

Gy, Heer' en bur-gers all'! wy

wensch'n u wel te sla-pen. Het waaken is onz'

pligt, vreest niet voor u - we

Knaa - pen. Wy trek - ken op de
wacht en zegg'n u goe - de
nacht. Wy trek-ken op de
wacht en zegg'n u goe - de nacht!

Das Lied lautet in schrift-deutscher Übersetzung:
„Ihr Herren und Bürger alle, wir wünschen euch wohl
zu schlafen! Das Wachen ist unsere Pflicht, ängstigt
euch nicht vor eueren Bedrängern! Wir ziehen auf
die Wache und sagen euch gute Nacht!"

Der ungenannte Gewährsmann fügte dem Liede
folgende äußerst interessante Erläuterung bei:

„Das Liedchen ist uralt. Die Scheidung der Stadt-
einwohner in Herren und Bürger, das heißt Patrizier und Volk, sowie der Ausdruck „Knaap" =
Knappe, Ritter, Wegelagerer, Bedränger, Feind . . .
deutet auf die Zeit der Hansa, da die Städte von den

die Wege unsicher machenden Knappen viel erdulden mußten und eine eigene Bürgermiliz auch des Nachts Mauern und Thore zu bewachen und so die geschlossenen Orte vor Überrumpelung zu bewahren hatte.

Auch die S p r a ch e des Liedes paßt in jene Zeit. Letzteres wird daher der Gesang gewesen sein, womit die Bürgermiliz seiner Zeit ihren Nachtdienst antrat und die Wache bezog.

Als dann die Miliz durch bessere Polizeiverwaltung unnötig wurde, da kam das Lied auf ihre unschuldigeren Nachfolger, die N a ch t w ä ch t e r im neueren Sinne, die wesentlich berufen waren, den Ausbruch von Brand zu signalisieren.

In E m m e r i ch wurde das Lied in der beigefügten Melodie in früherer Zeit von den Nachtwächtern chormäßig gesungen, aber nur noch in der Neujahrsnacht. Sie leiteten das Lied mit ihren Holzklappern, die sie zum Anzeigen der Stunden führten, ein und beschlossen es auch damit. Die Stadt Emmerich hat eine ruhige, friedliche Bevölkerung. Der Schutzhafen aber brachte bei geschlossener Schiffahrt ein Element in die Stadt, welches das Lied in der Neujahrsnacht zur Beunruhigung der ehrsamen Bürger mitbrüllte. Um das Jahr 1845 verbot daher der damalige Bürgermeister aus ähnlicher Veranlassung das Singen in der Neujahrsnacht, und so fiel denn auch dieser veraltete Brauch, beziehungsweise dieses alte Lied, welches den Nachtwächtern von den in der Neujahrsnacht sich vergnügenden Gesellschaften manch ein Stücklein klingender Münze einbrachte, einer besseren, auf Ruhe und Ordnung gerichteten Polizeimaßregel neuerer Zeit zum Opfer."

Erfurt.

Nachtwächterlied, gesungen im Jahre 1817:

Hört, ihr Herrn, und laßt euch sagen:
Der Geist ist nicht mehr in Fesseln geschlagen.
Gedenket an Luther, den Ehrenmann,
Der solche Freiheit euch wieder gewann!
Bewahret das Licht, der Wahrheit Licht,
Bewahret das Feuer, entweihet es nicht!
Vor allem aber, ihr Frauen und Herrn,
Lobt im Jahre 17 Gott den Herrn!
Feiert das Jubeljahr fern und nah,
Amen, Amen, Viktoria!

Im Jahre 1817 feierten die Protestanten das Erinnerungsfest an den vor 300 Jahren durch Luther erfolgten Anschlag der 95 Thesen an das Thor der Schloßkirche zu Wittenberg, somit das Erinnerungsfest an den Geburtstag der Reformation.

Grimmen.

1885.

Hört, ihr Herrn, und laßt euch sagen:
Die Uhr hat (zehn) geschlagen.

Ein jeder bewahr' sein Feuer und Licht,
Daß diese Nacht kein Schaden geschicht!
Gelobt sei Gott der Herr,
Ihm sei Lob, Preis und Ehr'!

Dann erfolgte mit einer hölzernen Knarre ein dreimaliger Knarrer.

Hadersleben.

?

Ihr Nachbarn, hört und laßt euch sagen:
Der Hammer, der hat zehn geschlagen.
Die Zeit der Ruhe rückt heran,
Wohl dem, der seine Pflicht gethan!
Habt acht auf Feuer und Licht,
Daß niemand Schaden geschieht!
's hat zehn geschlagen!

Ihr Nachbarn, hört und laßt euch sagen:
Der Hammer, der hat eilf geschlagen.
Es schlafe süß in Dorf und Stadt,
Wer noch ein gut Gewissen hat.
Ein bös Gewissen ruhet nicht,
Es brennt und naget und es sticht.
's hat elf geschlagen!

Ihr Nachbarn, hört und laßt euch sagen:
Der Hammer, der hat zwölf geschlagen.
Die Geisterstunde ist vorbei,
Wer glaubt noch an die Narretei?
Schlaft wohl in Gottes treuer Hut,
Da schläft sich's sicher, schläft sich's gut!

Ihr Nachbarn, hört und laßt euch sagen:
Der Hammer, der hat eins geschlagen.
Dem Leidenden, der jetzt noch wacht,
Verkürze Gott die lange Nacht,
Die Hoffnung stärke sein Herz,
Sie lindert Kummer und Schmerz!
's hat eins geschlagen!

Ihr Nachbarn, hört und laßt euch sagen:
Der Hammer, der hat zwei geschlagen.
Der Hahn erhebt schon sein Geschrei,
Nun ist mein Rufen bald vorbei.
Ihr liegt noch immer da und ruht,
Nicht jeder hat's wie ihr so gut.
's hat zwei geschlagen!

Ihr Nachbarn, hört und laßt euch sagen:
Der Hammer, der hat drei geschlagen.
Lobt Gott den Herrn für diese Nacht,
Er ist's, der euch getreu bewacht!

Verschlafet auch die Stunde nicht,
Sobald der helle Tag anbricht!
's hat drei geschlagen!

Hadersleben zeigt die protestantische, Wemding (Bayern) die katholische Fassung desselben Liedes.

Heiligenstadt im Eichsfeld.

Alltäglicher Ruf:

Hört, ihr Herrn . . .
Bewahrt . . .

Neujahrslied der Wächter:

Ich wünsche meinen Herren ein glückseliges
neues Jahr,
Im Namen Jesu wollen wir es fangen an!
Ich wünsche euch das neugeborne Jesulein,
Das soll euch zum neuen Jahr geschenket sein!
Ich wünsche euch auch die Mutter Jesu Christ,
Die uns'rer Stadt Helferin und Beschützerin ist,
Die wollen wir hoch, hoch schätzen!

Euch jungen Eheleuten, euch wünsche ich
Gottes Segen,
Damit daß alles Elend bleib' heraus
Aus euerm Haus!

Ich wünsche euch langes Leben, Friede und
Einigkeit
Und dazu die ewige Seligkeit!
Euch Junggesellen und Jungfräulein,
Euch wünsche ich die drei schönen Lilien rein,
Das sollen Jesus, Maria und Joseph sein!

Euch armen, bedrängten Witwen und
Waiselein,
Euch thu' ich auch nicht vergessen,
Euch wünsche ich die heilige Dreifaltigkeit
Und dazu die ewige Seligkeit, Amen!

Höchst am Main.

1855.

Früh morgens um 4 Uhr:

Hört, ihr Herrn, und laßt euch sagen:
Die Glock' hat vier geschlagen.
Der Tag vertreibt die finstre Nacht,
Ihr lieben Christen, zu Gott erwacht!
Mit einer guten Meinung fangt alles an,
Damit der Herr euch segnen kann!
Mit Herz und Mund,
Frisch jede Stund,
Gelobt sei Jesus Christus!

In der Neujahrsnacht:

Steht auf, steht auf im Namen Jesu Christ!
Ein neues Jahr vorhanden ist.
Wir bitten, zu bewahren
Vor Unglück und Gefahren,
Vor Feuersbrunst und Hungersnot!
Herr, gieb uns unser täglich Brot,
Herr, gieb uns deinen Segen,
Spend' Sonnenschein und Regen!
Daß jedes gute Herz sich freut,
Wenn alle Ernt' recht gut gedeiht,
Margreta, unser Stadtpatron,
Erbitte uns bei Gottes Thron!
Und der verehrten Geistlichkeit
Sei herzlich unser Gruß geweiht,
Und auch dem Bürgermeister hier
Gratulieren wir ja für und für,
Und auch dem Herrn Gemeinderat
Gratulieren sechzehn an der Zahl,
Und jedem Bruder, jeder Schwester,
Die heute feiern ein' Sylvester,
Ihr weihen wir auch unsern Gruß,
Gelobt sei Jesus Christus!

Konitz.

1851.

Die Glock' hat zehn ge - schla-gen!

Zehn ist die Glock'! Pfiff!

Den Schluß obigen Rufes bildete bis 1850 ein Kuh-hornton, später ein Pfiff auf einer Wächterpfeife, der um 11 Uhr einmal, um 12 Uhr zweimal wiederholt wurde. Um 1 Uhr gab es wieder nur einen Ton, um 2 Uhr zwei u. s. w.

Reudnitz.

1870.

Hört, ihr Herrn . . .
Bewahret . . .

Bei Kindstaufen sang der Wächter vor dem beglückten Hause:

Auf Gott und nicht auf meinen Rat
Will ich mein Glücke bauen u. s. w.

und noch andere passende Lieder aus dem evangelischen

Gesangbuche so lange, bis er zu essen und zu trinken bekam.

War jemand gestorben, so sang er:

Wer nur den lieben Gott läßt walten u. s. w.

Dann kamen die Leute aus den Häusern und fragten: „Wer ist gestorben?" — Jeder Todesfall wurde sofort beim Nachtwächter gemeldet.

Sachsen.

Böuburg.

Hört . . .
's hat . . . geschlagen von fern.
Lobet Gott den Herrn!

Böuburg hat wohl ein kleines Kirchlein, aber weder Turm, noch Glocke, noch Uhr. Der wahrheitsliebende Wächter setzt deshalb, da er den Stundenschlag von dem eine halbe Stunde entfernten Halle a. d. Saale herüber hört, bei: „'s hat geschlagen . . . von fern."

Dresden.
1830.

Ihr Herren, laßt euch sagen:
Die Glock' hat . . . geschlagen.

Bewahret das Feuer und Licht,
Daß niemand ein Schade geschicht!
Lobet den Herrn!

In Theodor Körners Posse „Der Nachtwächter"
(1812) findet sich dasselbe Lied. Nur fügt der verliebte
Wächter Schwalbe, „damit sich's auf sein Mädel
paßt", bei:

Mädel in der stillen Kammer,
Höre meine Reverenz:
Schütze dich der Herr vor Jammer
Und vor Krieg und Pestilenz!
Laß dich nicht in Sünden sterben,
Weder Leib noch Seel' verderben!

Dresdens Umgebung.

Hört, ihr Herrn, und laßt euch sagen:
Die Glock' hat eben . . . geschlagen.
Bewahret das Feuer und das Licht,
Auf daß kein Feuerschad hoimbricht.

Erzgebirge.

Müde seid ihr, geht zur Ruh,
Schließt die müden Lida zu.
Herrgott, laß die Augen dein
Über euerm Laga weil'n!

Umänderung der ersten Strophe des bekannten Gedichtes von Luise Hensel „Müde bin ich u. s. w."

Freibergs Umgebung.

Heil'ger Friede walte
Über unserm Ort,
Oben übern Sternen
Ist der schönste Hort.

Schlafet süß mit Gott
Bis zum frühen Morgen!
Erwachet gesund
Und frisch ohne Sorgen.

Leipzig.

1850?

Hört, ihr Herrn, und laßt euch sa-gen:

unf're Glock' hat (zehn) ge-schla-gen.

Lo-bet Gott den Herrn.

Der Gewährsmann bemerkt: „Ich kann mich aus meiner Kindheit der biederen „Nachträte" noch recht wohl entsinnen und horchte gar gern zu, wenn sie abends Punkt 10 Uhr ihren Gesang erschallen ließen und mit einem kräftigen Stoß in ein lauttönendes Horn stießen. Bekleidet waren die Wächter mit einem Mantel, und auf dem Kopfe hatten sie eine niedrige Mütze mit einem schmalen roten Streifen und breitem Deckel. Ihre Waffe war ein Hakenstock oder langer Stab mit eiserner Spitze und Tragriemen. Außerdem führte jeder Wächter ein mächtiges Feuerhorn mit sich, dessen furchtbarer Ton die Schläfer sicher auf die Beine brachte. Das Institut bestand etwa bis zu Anfang der siebziger Jahre; der monotone Gesang aber verstummte viel früher." (Vergl. Lippold, „Erinnerungen eines alten Leipzigers", der von den Nachträten manch ein drolliges Geschichtchen erzählt.)

Schönau.

Um 10 Uhr:

Zehn Gebote . . .

oder:

Hört . . .

Löschet Feuer und Lichter aus
Und bewahret sonst das Haus,
Auf daß keiner mit den Seinen
Über Unglück nicht darf weinen!

Um 11—2 Uhr:

Nur elf Jünger u. s. w.

Um 3 Uhr:

Die Morgenstund' am Himmel schwebt,
Seid froh, daß ihr den Tag erlebt,
Dankt Gott und habet frohen Mut,
Geht an die Arbeit, halt' euch gut!

Thüringen.

Döllstedt.

Hört, ihr Leute . . .
Bewahret . . .

Hier herrscht ein eigentümlicher Brauch. Nach
einer Brautnacht holt sich der Nachtwächter vom neu-
vermählten Paare den Quäcksgroschen (quäcken =
weinen). Donum ei datur, quia sponsae clamores,
cum defloratur, noctu audire coactus est.

Koburg.
1870.

Hört . . .
Neun versäumten Dankespflicht,
Mensch, vergiß die Wohlthat nicht! u. s. w.

Am Weihnachtsmorgen:

Ihr Kindlein, steht alle auf!
Der heilige Christ hat beschert,
Hat seinen ganzen Sack ausgeleert.

Neustadt (Koburg).
?

Um 9 Uhr:

Höret, Männer, Frauen und Töchter,
Nehmet euer Licht in acht,
Und so wünschet euer Wächter
Eine sanfte, gute Nacht!

Um 10 Uhr:

Zehn Gebote u. s. w.

Um 5 Uhr:

Nun dank' ich ab und geh' nach Haus,
Gott bewahre euer Haus!

Stützerbach.
?

Das Jahr hindurch:

Ihr Herren, laßt euch sagen:
Die Glock' hat . . . geschlagen.

Wir danken unſerm Herrgott,
Daß er ſo gnädig unſern Ort
Vor Feuer und Unglück behütet hat.

Neujahrslied:

Wünſch' euch Glück zum neuen Jahr,
Heil und Frieden immerdar,
Daß der Herrgott unſern Ort
Vor allem Unglück ſchütz' hinfort,
Daß er uns wahr' vor jedem Leid,
Krankheit, Brand und teurer Zeit.

Er woll' uns ſein Gedeih'n auch geben
Zu allem Werk, davon wir leben!
Den ſchönſten Dank laßt ihm uns bringen
Für alles, was wir im alten Jahr empfingen.
Gebt unſerm Gott die Ehre!

Dieſe Lieder wurden noch vor nicht gar langer
Zeit in Stützerbach, auch in Elgersburg und Mahne-
buch geſungen.

In Stützerbach wird noch heute der alte Tanzſal
gezeigt, in dem ſich der junge Goethe mit den länd-
lichen Schönen drehte. Zweifelsohne hatte auch der
arme Nachtwächter von der tollen Hofgeſellſchaft, die in
den ſiebziger Jahren des vorigen Jahrhunderts ganz
Thüringen unſicher machte, nicht wenig zu leiden.

Württemberg.

Alteufteig.

Das ganze Jahr hindurch um 8 Uhr:

Nur acht Seelen waren dort,
Die da glaubten Gottes Wort.
Noa wurde nur selbacht
In der Arche durchgebracht.

Um 9 Uhr:

Neun undankbar 'blieben sind,
Sleuch den Undank, Menschenkind!

Um 10 Uhr:

Zehen Fromme waren nicht
Dort bei Sodoms Strafgericht.

Geht zur Ruh', geht zur Ruh',
Schließt die müden Augen zu!
Stiller wird es auf den Straßen,
Und den Wächter hört man blasen,
Und die Nacht ruft allen zu:
Geht zur Ruh'!

Um 11 Uhr:

Um elf Uhr sprach Gott das Wort:
Geht ihr auch in den Weinberg fort!

Wie wohl ruht, wer sich müd' geschafft,
Wen Hitz' und Kummer traf;
Wie fühlt der Kranke neue Kraft
Auf einen sanften Schlaf!

Gott, der da Gnad' und Weisheit hat,
Hat alles wohl gemacht,
Er giebt den Tag zu Müh' und Last
Und dann zur Ruh' die Nacht.
Fueer und Licht nehmt wohl in acht,
Gott bewahr' uns diese Nacht!

Um 12 Uhr:

Zwölf Thore hat die gold'ne Stadt,
Selig, wer den Eingang hat!

Jetzund geh' ich ab der Wacht,
Gott geb' uns allen eine gute Nacht!

Zum Wochenschluß:

Wieder eine Woche weiter
Näher hin zur Ewigkeit . . .
Ach, wie eilt der Strom der Zeit!

Die Woche ist zu Ende,
Nicht aber Gottes Treu';
Denn wo ich mich hinwende,
Da ist sie immer neu!

Um 1 Uhr:

Höret, was ich euch jetzt sag':
Ein Uhr ist der Stundenschlag!

Nimm der Stunde wohl in acht,
Wirke Gutes, denn die Nacht,
Da man nicht mehr wirken kann,
Kommt und rückt oft schnell heran!

Eins ist not, ach, säume nicht,
Suche Jesum und sein Licht;
Eins ist not, Herr Jesu Christ,
Laß dich finden, wo du bist!

Ein Gott und ein Mittler ist,
Welcher heißet Jesu Christ.
Wie ruft er uns so freundlich zu:
Nur eins ist not, was säumest du?

Nur eine Sonne scheint der Welt
Und giebt allen Zonen Lenze,
Ein Stern ist's, der die Nacht erhellt,
Und eine Hand webt alle Kränze.

Nur eine Liebe stillt das Herz,
Nur eine Thür steht immer offen,
Ein Arzt nur heilet jeden Schmerz
Und täuschet nie mit leerem Hoffen.

Eines wünsch' ich mir vor allem andern,
Eine Speise früh und spät,
Selig läßt's im Thränenthal sich wandern,
Wenn dies eine mit uns geht:

Unverrückt auf einen Mann zu schauen,
Der mit blut'gem Schweiß und Todesgrauen
Auf sein Antlitz niedersank
Und den Kelch des Vaters trank.

Wenn das Tagwerk ist gethan,
Steiget Jesus still bergan;
Hat gewirkt vom frühen Morgen,
Sich verzehrt in Hirtensorgen.
Schläft er nun in stiller Nacht?
Nein, er betet noch und wacht.

Wacht wo noch im Kämmerlein
Einsam eins beim Lampenschein,
Scheucht wo noch den süßen Schlummer
Vom verweinten Aug' der Kummer,
Schlaf', o Herz, ein Hirt hat acht,
Jesus betet, Jesus wacht!

Tief in Schlummer ausgestreckt
Liegt die Welt, mit Nacht bedeckt,

Und verträumt in stiller Kammer
Ihrer Tage Luft und Jammer.
Schlaf', o Welt, in finst'rer Nacht!
Jesus betet, Jesus wacht!

Eins allein ist Gott der Herr,
Ihm gebühret Preis und Ehr'!

Um 2 Uhr:

Höret, was ich euch jetzt sag':
Zwei Uhr ist der Stundenschlag!

Zwei Wege hat der Mensch vor sich,
Herr, den rechten führe mich!

Zwei Wege geh'n zur Ewigkeit,
Der ein' ist schmal, der and're breit;
Willst du erretten deine Seel',
O Christ, den schmalen Pfad erwähl'!

Sei die Nacht auch noch so dunkel,
Oben wacht der Liebesstern,
Prangend stets mit Lichtgefunkel,
Ewig nah und ewig fern.

Schlummert süß, schlummert süß,
Träumt euch euer Paradies!
Wem das Schicksal raubt den Frieden,
Sei ein schöner Traum beschieden,

Als ob Liebe ihn begrüß',
Schlummert süß!

Alles Dunkel dieses Lebens
Glänzt vor Gott wie Sonnenlicht;
Wir durchforschen's oft vergebens,
Seinen Blick beschränkt es nicht.

Er kennet das Große, das Kleine, das Ferne,
Die Thränen der Armen, die Scharen der
Sterne,
Mit mächtiger Liebe verfolgt er den Plan,
Den seine unendliche Weisheit ersann.

Auch in stiller Nächte Stunden
Hat sich manch ein Herz gefunden,
Das, im Tagsgewühl ein Thor,
Vater, sich von dir verlor.

Denket doch, ihr Menschenkinder,
Auch an euren Todestag,
Denket doch, ihr frechen Sünder,
An den letzten Stundenschlag!

Heute sind wir jung und stark,
Morgen füllen wir den Sarg,
Und die Ehre, die wir haben,
Wird zugleich mit uns begraben.

Selig, wer sein Haus bestellt,
Gott kommt oft unangemeld't,
Und des Menschen Sohn erscheinet
Zu der Zeit, da man's nicht meinet.

Um 3 Uhr:

Dreimal heilig, heilig heißt
Gott, der Vater, Sohn und Geist.

Drei Personen sollen wir
In der Gottheit ehren hier.

Wenn bei Sturm und Ungewittern
Ringsum Berg und Thal erzittern,
Mach' ich munter meine Rund'
Und ruf' auch zu dieser Stund':
Wohl um die dreie!

Vater, dich, den gütevollen,
Preist auch in der Nacht mein Geist,
Vater, der die Sterne rollen
Und den Mond uns leuchten heißt,
Vater, dem von tausend Zungen
Tag und Nacht wird Lob gesungen,
Vater, der bei Tag beglückt,
Leidende des Nachts erquickt!

Der Himmel hängt voll Wolken schwer,
Ich seh' das blaue Zelt nicht mehr;
Doch über Wolken, hell und klar,
Nehm' ich ein freundlich Auge wahr.

Aus der Nacht verborg'nem Schoß
Macht der böse Feind sich los,
Schleicht mit leisen Mörderschritten
Um der Menschenkinder Hütten . . .
Böser Feind, hast keine Macht:
Jesus betet, Jesus wacht!

Drei Stufen hat die Lebenszeit,
O Mensch, bedenk's und nütz' sie heut':
Langsam kommt die Zukunft angezogen,
Pfeilschnell ist die Gegenwart vorbei,
Ewig still steht die Vergangenheit.

Im Winter:

Diese kalte Winterluft
Kräftig in die Herzen ruft:
Seht, wo ist der Sommer hin . . .
Nur der Herr erwecket ihn.

Reif wie Asche nah' und fern
Streuet aus die Hand des Herrn;
Wer kann bleiben vor dem Frost,
Wenn es weht von Nord und Ost?

7*

Gleich wie Wolle fällt der Schnee
Und bedecket Thal und Höh';
Wehet aber Gottes Wind,
So zerfließet er geschwind.

O Beherrscher der Natur,
Allem zeigst du seine Spur:
Frühling, Sommer, Herbst und Eis
Nah'n und flieh'n auf dein Geheiß.

Friert da draußen alles ein,
Flücht' ich mich ins Kämmerlein,
Schließ' die Thüre nach mir zu,
Such' im warmen Bette Ruh'.

Um 4 Uhr:

Höret, was ich euch jetzt sag':
Vier Uhr ist der Stundenschlag!

Vierfach ist das Ackerfeld,
Mensch, wie ist dein Herz bestellt?

Jesu, heller Morgenstern,
Sei auch jetzt von uns nicht fern,
Aus dem Sündenschlaf' uns wecke
Und mit deiner Gnad' bedecke!

O Mensch, ermunt're deinen Sinn,
Wie lange willst du schlafen?

Auf, auf, die Stunden geh'n dahin,
Vor ihm besteht der Sünder nicht,
Und geht er mit dir ins Gericht,
Wo willst du Rettung finden?

Morgenglanz der Ewigkeit,
Licht vom unerschaff'nen Lichte,
Schick' uns diese Morgenzeit,
Deine Strahlen zu Gesichte
Und vertreib durch deine Macht
Uns're Nacht!

Auf, ermuntert eu're Sinnen,
Denn die Nacht zieht bald von hinnen;
Der Tag vertreibt die finst're Nacht,
Ihr lieben Christen, seid munter und wacht!

Morgenrot erscheinet nur,
Wo die Sonne nahe 'kommen;
Hast du deiner Sonne Spur
Nicht, o Seele, wahrgenommen?
Deiner Sonne Freudenlicht
Glänzt in Christi Angesicht.

Seh' ich das heit're Morgenlicht,
Wie freu' ich mich der edlen Pflicht,

Dem Herrn auch Lob zu singen!
Und schließt mein Auge sich zur Ruh'
Nach mühevollem Tage zu,
Mein Opfer dir zu bringen,
Mein erstes Wort sei Preis und Dank,
Mein letztes Wort dein Lobgesang!

Preist ihn, der den lichten Morgen
Sendet nach der dunkeln Nacht,
Der voll Liebe für uns wacht,
Wenn wir frei von Erdensorgen
Friedlich schlummern, preist den Herrn,
Frommen Dank vernimmt er gern!

Lasset euern ersten Blick
Sich nach Sions Höhen wenden,
Sehet auf die Nacht zurück,
Die Gott half so glücklich enden!
Ach, ein solcher Gott verdient,
Daß sein Lob beständig grünt!

Seele, du mußt munter werden;
Denn der Erden
Bricht hervor ein neuer Tag.
Komm', dem Schöpfer dieser Strahlen
Zu bezahlen,
Was dein schwacher Dank vermag!

Am Sonntag Morgen.

Auf, ermuntert euch, ihr Brüder,
Feiert heut den Sonntag wieder,
Preist und lobet Gott den Herrn,
Wie der helle Morgenstern!

Ruhet nun, ihr Weltgeschäfte,
Heute gilt's ein and'res Thun;
Denn ich brauche meine Kräfte,
In dem großen Gott zu ruh'n.
Heut' schickt keine Arbeit sich,
Als nur Gottes Werk für mich.

Gottlob! der Sonntag kommt herbei,
Die Woche wird nun wieder neu.
Heut' hat mein Gott das Licht gemacht
Und Jesus uns das Heil gebracht.
Preis, Preis, Preis sei gebracht
Dem Herrn, der uns den Sonntag gemacht!

Den Tag hat Gott zur Ruh' und Rast
Und seinem Dienst geweiht
Und ihn von aller Arbeitslast
Aus großer Gnad' befreit;
Da soll von allem seinem Thun
Der Herr und das Gesinde ruh'n
Und sich in Gott erbau'n.

O, wie freudig ist der Morgen,
Wenn die Sonne sich erhebt
Und die Seele, frei von Sorgen,
Zu dem Gott der Liebe schwebt!
O, dann wach' ich anders auf,
Schon am Ziel ist dann mein Lauf,
Träume sind des Pilgers Sorgen,
Großer Tag, an deinem Morgen.

Um Weihnachten:

Komm', Himmelsfürst, komm', Wunderheld,
Du Jakobsstern, du Licht der Welt,
Laß abwärts flammen deinen Schein,
Der du willst Mensch geboren sein!

Stille Nacht, heilige Nacht!
Wunderbar, hell und klar
Bringen himmlische Boten im Feld
Froh die Kunde der schlummernden Welt:
Jesus, der Heiland, ist da,
Ja, Jesus, der Heiland, ist da!

Werde Licht, du Volk der Heiden,
Werde Licht, Jerusalem,
Dir geht auf ein Glanz der Freuden
Vom geringen Bethlehem;

Er, das Licht und Heil der Welt,
Christus hat sich eingestellt!

Am Jahresschlusse:

Ach, wie eilt die Zeit
Hin zur Ewigkeit!
Tage, kaum erst angebrochen,
Werden, eh' man's denkt, zu Wochen;
Wohl dem, der mit Sleiß
Sie zu nützen weiß!

Die Jahre flieh'n im Sturmgebraus,
Bald ist auch das zu Ende;
Mit Gott hinein, mit Gott hinaus,
In seine Vaterhände.

Passion:

Nun ist alles wohlgemacht,
Weil Jesus ruft: „Es ist vollbracht!"
Er neigt sein Haupt, o Mensch, und stirbt
Und dir erwirbt
Das Leben, welches nie verdirbt.

Sein Kampf ist nun geendet,
Errungen ist die Kron',
Er hat mit Ruhm vollendet,
Der eingeborne Sohn.

Zur Grabesruh'
Entschliefest du,
Der du für uns gestorben
Und am Kreuz
Uns ew'ge Ruh'
Durch deinen Tod erworben.

Amen! Jesu Grabesfriede
Wird auch unser Grab durchwehen,
Wenn wir von der Wallfahrt müde
Ruh'n, um froher aufzustehen.

Um Ostern:

Willkommen, Held im Streite,
Aus deiner Grabes-Gruft!
Wir triumphieren heute
Um deine leere Gruft!

Ich sag' es jedem, daß er lebt
Und auferstanden ist,
Daß er in uns'rer Mitte schwebt
Und ewig bei uns ist!

Ich dächte wohl, die obigen Lieder, die mich selbst
tief ergriffen haben, dürften genügen, um die Teil-
nahme der Leser für den letzten Nachtwächter
von Altensteig wachzurufen und das absprechende
Urteil des lachenden Philosophen richtig zu stellen.

Deshalb mag es mir gestattet sein, den Lesern, ohne sie zu langweilen, den würdigen Greis in Bild und Wort vorzuführen, der heute noch — wer weiß, wie lange? — allnächtlich seinen erhebenden Sang er. tönen läßt.

Große Männer erkennt man am besten aus ihren Briefen ... warum nicht auch die kleinen Nacht. wächter? Und also teile ich auszugsweise ... meinen Briefwechsel mit einem Nachtwächter mit ... vielleicht trägt dies sogar dazu bei, das Los des armen, alten Mannes etwas zu erleichtern und ihm in seinem schweren Berufe etwelche Freude zu be. reiten.

Im Juli 1895 gingen mir obige Lieder zu mit der Nachschrift:

„Dies ist das Programm des Schreiners und Nachtwächters Friedrich Bock in Altensteig a. d. Nagold, Königreich Württemberg."

„Sehr geehrter Herr!

Nach einem Berichte in einem hiesigen Blatte haben Sie sich dem löblichen Werke unterzogen, das Andenken des beinahe ausgestorbenen Nachtwächter. instituts zu verewigen und zu diesem Zwecke von nah und fern Erinnerungen zu sammeln. Nun möchte ich auch mein Scherflein dazu beitragen, obschon ich weder Schriftsteller noch guter Schreiber bin. Nur bitte ich, mit dem vorlieb zu nehmen, wie es von einem Nacht. wächter erwartet werden kann. Weil ich wohl der

letzte sein werde, der seine Rufe erschallen lasset, so
sollen dieselben wenigstens im Andenken bleiben, da es
ohnedies meine einzige Freude bei einem Dienste ist,
welcher sonst nichts Angenehmes mit sich bringt, als
Ärger, Spott und schlechten Gehalt, welcher zum Leben
zu wenig und zum Sterben zu viel ist. Diese Rufe
nun, die mir zum Troste gereichen, habe ich teils aus
unserem Gesangbuche, teils aus Zeitschriften oder sonst
wo aufgefischt und nach den Nachtstunden oder Festen
geordnet. Einige habe ich auch selbst gemacht.
Die Verfasser der Lieder sind, soweit ich sie kenne, die
Dichter Gerock, Gerhard, Stilling, Sturm, Schubart,
v. Kanitz.

Noch will ich mitteilen, daß ich gegenwärtig nur
mehr den Dienst Nachmitternacht habe . . . vor der
Mitternacht besorgt ihn die Polizei; doch will ich die
früheren Rufe vor der Mitternacht vorausschicken.“

Auf diesen Brief hin übersandte ich dem wackeren
Friedrich Bock eines meiner Volksbücher als Zeichen
der Dankbarkeit und bat ihn, er möge sich auf meine
Kosten photographieren lassen und mir ein Bild ein-
senden. Ich erhielt folgende Antwort:

„Geehrtester Herr Professor!

Ihr herrliches Schreiben, sowie das schöne Buch
hat mich nicht nur sehr erfreut, es hat mich auch recht
beglückt, indem ich in Ihnen einen edlen Mann gefunden habe, welcher auch das Geringste zu würdigen
und den Menschen danach zu beurteilen weiß. Ihr

werter Brief hat mich mit neuem Mute beseelt, und freudiger lasse ich wieder meinen Ruf erschallen. Es giebt auch hier Leute, die mich gern hören, aber mit Ausnahme eines einzigen Herrn ist's bisher noch niemand eingefallen, mich beim Jahreswechsel mit einer Kleinigkeit zu erfreuen. Mein Gehalt beträgt von der Nacht 22 Pfennige . . . das giebt gerade ein Vesper. Doch die beste Belohnung ist die, daß ich meine Lieder in die Nacht hinausrufen kann; gehört werde ich fast überall, weil ich meinen Dienst in der Höhe habe, und wenn ich nur eine Seele retten kann, so bin ich zufrieden.

Noch möchte ich bemerken, daß ich mich heute hab' photographieren lassen. Nun aber ist der Nachmittag und der Abend vorbeigegangen, ohne daß ich's beim Schreiben bemerkt habe; da muß ich mich zur Ruhe begeben, um zur Mitternacht wach zu sein und die Runde machen zu können.

Falls Sie mir wieder schreiben, so bitte ich, den Nachtwächter wegzulassen; es ist das hier so auffallend, sogar der Briefträger fragte mich, was ich für einen Verkehr habe.

Mit achtungsvollem Gruße

Friedrich Bock,
Schreiner."

Ich kann es mir nicht versagen, auch aus dem Briefe, mit dem er sein Bildnis einbegleitete, einige Stellen anzuführen. Sie gewähren einen Blick ins

Volksgemüt und unterstützen daher die Zwecke und Ziele dieser Sammlung.

Der Nachtwächter von Altensteig schreibt:

„Hiermit erhalten Sie die gewünschte Photographie; ich habe selbe in meinem Winteranzuge machen lassen. Für ihre freundliche Gabe — ich sandte ihm einige Mark zu einem kräftigenden Trunke — danke ich herzlich. Ich trank in Gesellschaft einiger Herren, die Sinn für meine Lieder haben, auf Ihr Wohl.

Ihr schönes Buch freut mich immer mehr. Es zeigt dem Leser, wie auch der Ärmste das wahre Glück erreichen kann, obgleich es nicht an goldenen Wänden hängt, sondern sich im Herzen ausbildet, wenn sich nur der Mensch mit zufriedenem und gelassenem Sinne, ja, mit Leib und Seele seinem Schöpfer überläßt, die vielen Wohlthaten, mit denen er uns überschüttet, zu würdigen weiß, die Genüsse und Freuden, womit er uns erfreut, weise und mäßig genießt und sich derselben wert zu machen sucht, auch nicht mürrisch und ungeduldig wird, wenn Kreuz und Leiden über ihn hereinbrechen.

Dieses alles ist auch mein Wunsch und Bestreben; aber je mehr ich darauf hinstrebe, desto mehr muß ich meine Ohnmacht einsehen, ja, ich würde mich für den unglücklichsten Menschen halten, wenn wir keinen Heiland und Erlöser hätten.

Ach, ich habe in meinem Leben schon manchen Sturm mitgemacht! Anno 48 war ich Soldat und

Friedrich Bock,
Nachtwächter von Altensteig (Württemberg).

habe die Krawallzeit in Württemberg mitgemacht. Später verheiratete ich mich und lebte mit zwei Frauen, mit der ersten 7, mit der zweiten 29 Jahre, trotz Krankheit und sonstigem Ungemach glücklich, eingedenk der einzigen Bedingung einer guten Ehe: gegenseitige, aufrichtige Liebe.

Jetzt bin ich Witwer und stehe allein in der Welt."

Asperg.

1870/71.

Hier sang der Wächter während des deutsch-französischen Krieges um zwei Uhr:

Hört, ihr Leut', und laßt euch sagen:
Die Glocke hat zwei g'schlagen!
Zwei Monarchen führen Krieg,
Gott verleih' dem deutschen Sieg!
Wohl um die zweie!

Balingen.[1]

Nur acht Seelen u. s. w.

mit folgenden Abweichungen:

Um 10 Uhr:

Zehen Fromme u. s. w.

---

[1] Ich fühle mich verpflichtet, Herrn Finanzamtmann C. Müller in Balingen, der mir viele von ihm gesammelte Lieder überließ, hier ganz besonders zu danken.

oder:

Zehn krumme Nagelschmied
Steh'n vor Teufels Grabesthür. (?)

Um 2 Uhr:

Zwei Wege u. s. w.

oder:

Zwei Personen schlafen in ei'm Bett,
Das Weible will's Männle net.*)

*) net = nicht. — Noch vor 15 Jahren rief der
Stadtwächter dem Turmwächter in jeder Stunde
der Nacht zu: „Hüet' wohl!" — Bekanntlich mußten
sich im deutschen Mittelalter die Wächter einer Burg,
die in den Türmen und Vorwerken saßen, anblasen
und anschreien, um sich wach zu erhalten. (Vergl.
„Alwin Schultz: Das höfische Leben zur Zeit der
Minnesänger I. S. 41 ff.") —

Melodie
des Nachtwächterrufes in Balingen.

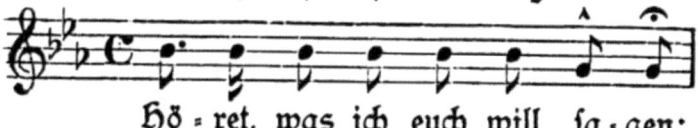

Hö-ret, was ich euch will sa-gen:

uns'-re Glock' hat zeh=ne g'schlagen!

Ze = hen from = me wa = ren nicht

dort bei So = doms Straf = ge = richt.

Wohl in die Ze = hne!

Das Tagansingen:

Wohl=auf, in dem Na=men Je=su

Christ! Der hel = le Tag vor = han = den

ist. Der Tag ver = treibt die

finst' = re Nacht, ihr lie = ben

Christen, seid mun = ter und wacht

und lo = bet Gott den

Herrn! Der helle Tag, der nie ver=lag, Gott

ge = be uns al = len ei = nen gu = ten

Tag! Ei=nen gu = ten Tag, ei = ne

fröh = li = che Zeit, Gott hel = fe uns

al = len ins Him = mel = reich! Wir

wif = fen ja nicht, wenn's der

lie = be Gott kommt, drum wa = chet und

be - tet zu je - der Stund',

bis wir fah - ren da - hin!

Biberach.

1866.

Während des Jahres der gewöhnliche Stunden-ruf; um Weihnachten sangen die sechs Wächter in den Straßen gemeinsam das Lied „Stille Nacht, heilige Nacht" und durften dafür in den Häusern Gaben sammeln.

Binsdorf.

Um 10 Uhr:

Hört . . .

Im Finstern schleicht der Bösewicht,
Er fürchtet und er haßt das Licht;
Doch ruhig schläft der brave Mann,
Er hat sein Werk in Gott gethan.

Um 11 Uhr:

Hört, ihr Leutlein, laßt euch sa-gen: unf're Glock' hat elf Uhr g'schla-gen. Schlaft ru-hig fort die gan-ze Nacht, die-weil der Herr im Him-mel wacht! Auf fin-ster-nis folgt wie-der Licht, ihr Sterb-li-che, ver-za-get nicht! Ge-lobt sei Je-sus, Ma-ri-a!

Das Taganrufen um 3 Uhr:

Stehet auf im Namen Jesu Christ,
Der helle Tag vorhanden ist!
Der Tag kommt über die Heiden,
Gott woll' uns behüten vor Leiden!
Der helle Tag, der uns allen naht,
Gott geb' uns allen einen guten Tag!
Gelobt sei Jesus, Maria und Joseph!

In Binsdorf sind zwei Wächter bestellt, die mit der Laterne abwechselnd ihren Dienst versehen. In früheren Jahren sangen sie noch hie und da zur Abwechslung um 10 Uhr:

Und wer no uf dem Stüehle sitzt,
Und wer no by der Chunkle (Kunkel) schwitzt,
Dem bieti u. s. w. = Hebels Wächterruf in der
IV. Abteilung.

Abends 10 Uhr und morgens 3 Uhr läutet der Wächter, bevor er die Runde macht. Letzteres heißt das „Taganläuten".

Bondorf.

Nur acht Seelen u. s. w.

mit folgenden Abweichungen:

Um 11 Uhr:

Elf Apostel blieben treu,
Judas der Verräter sei.

oder:

Jetzt tret' ich wieder auf meine Wacht,
Elf Uhr hat's geschlagen.
Ob wir morgen leben noch,
Können wir nicht sagen;
Sollte aber heute noch eines von uns scheiden,
So nimm die Seel' zu dir, o Gott, ein zu
　　　　　　　　　　deinen Freuden!

Um 12 Uhr:

Hört, ihr Leute u. s. w.
Zwölf Apostel sandt' der Herr
In die Welt als Prediger.
Hört, ihr Christen, hört, ihr Frommen,
Euer Bräut'gam wird bald kommen,
Wacht und betet Tag und Nacht,
Denn es ist jetzt Mitternacht!

Um 3 Uhr an Wochentagen:

Auf, ermuntert eure Sinnen,
Jetzt ist nun die Nacht von hinnen;
Gott sei Dank, der uns die Nacht
Hat so väterlich bewacht!

Wohlauf an diesem Morgen,
Der Tag bricht wieder an,

Thut eure Seel' verforgen
Und greift die Arbeit an!
Der Tag vertreibt die finst're Nacht,
Ihr lieben Christen, seid munter und wacht
Und lobet Gott den Herrn!

Wach' auf, o Mensch, vom Sündenschlaf,
Ermunt're dich, verlornes Schaf,
Und beff're bald dein Leben!
Wach' auf, es ist jetzt hohe Zeit,
Es kommt heran die Ewigkeit,
Dir deinen Lohn zu geben.
Vielleicht ist heut' der letzte Tag,
Wer weiß, wie bald man sterben mag?!

Un Sonntagen:

Auf, ermuntert eure Glieder,
Nun feiern wir den Sonntag wieder,
Auf, ermuntert euern Herrn (?)
Wie der helle Morgenstern!
Dann wird's erst recht Sonntag werden,
Wenn wir scheiden von der Erden,
Droben in der goldnen Stadt,
Wo Gott seine Wohnung hat.

Bühl a./d. Rottenburg.

Gewöhnlicher Ruf:

Hört, ihr Bürger, laßt euch sagen:
Unsere Glock . . .
Wohl über die (9) Uhr!
Gelobt sei Gott und Maria!

An Festtagen, bef. am Neujahrstage um 4 Uhr:

Wacht auf im Namen Jesu Christ;
Der helle Tag vorhanden ist!
Der helle Tag.

Der Tag vertreibt die finst're Nacht,
Ihr lieben Christen, seid munter und wach!
Der helle Tag.

Der Tag kommt über Berg und tiefe Thal,
Gott geb' uns allen einen guten Tag,
Einen guten Tag, eine fröhliche Zeit,
Gott geb' uns allen das Himmelreich,
Das Himmelreich, die ewige Freud',
Gott Vater, Sohn und heiliger Geist.
Gelobt u. f. w.

Um 1 Uhr manchmal:

Die Geisterstunde ist vorbei,
Wer glaubt jetzt no' die Narretei?
O, schlafet wohl in Gottes Hut,
Da schläft sich's sicher, schläft sich's gut.

Crailsheim.
?

Um 7 Uhr:

Siebenzigmal siebenmal
Sollet ihr verzeihen all!   (Matth. 18, 22.)

Um 8 Uhr:

Nur 8 Seelen waren dort,
Die da glaubten Gottes Wort.   (I. Mos. 7, 13.)

Um 9 Uhr:

Neun undankbar blieben sind;
Sleuch den Undank, Menschenkind!   (Luk. 17, 17.)

Um 10 Uhr:

Zehen Fromme waren nicht
Dort bei Sodoms Strafgericht.   (I. Mos. 15, 32.)

Um 11 Uhr:

Um 11 Uhr sprach der Herr das Wort:
Geht auch ihr in Weinberg fort! (Matth. 20, 6 u. 7.)

Um 12 Uhr:

Zwölf Thore hat die Himmelsstadt;
Selig, wer den Eingang hat! (Offenb. 21, 12.)

Um 1 Uhr:

Eins ist Not, Herr Jesu Christ,
Laß dich finden, wo du bist. (Luk. 10, 42.)

Um 2 Uhr:

Zwei Wege hat der Mensch vor sich;
Herr, den schmalen, führe mich! (Matth. 7, 13 u. 14.)

Um 3 Uhr:

Drei Personen sollen wir
In der Gottheit ehren hier.

Um 4 Uhr:

Vierfach ist das Ackerfeld . . .
Mensch, wie ist dein Herz bestellt? (Matth. 13, 3—9.)

Um 5 Uhr:

Fünf Heilwunden bringen euch,
So ihr glaubt, das Himmelreich.

Vergleiche die Rufe S. 36 u. 37.

Am Sonntag Morgen:

Auf, ermuntert eure Sinne u. s. w. (wie in
Berneck, Bayern).

Der Gewährsmann, eine ungenannt sein wollende, bibelfeste Pfarrerswitwe, schreibt u. a.:

„Ihre Absicht, die Stundenrufe der Nachtwächter zu sammeln, hat in mir einen frohen Wiederklang gefunden und alte, liebe Erinnerungen wach gerufen. Bei uns wurde der Wächterdienst mit aller Sorgfalt geübt und begann im Winter schon abends 7 Uhr. Vor unserem Hause, auf einem freien Platze, sah ich in mondhellen Nächten den Nachtwächter still stehen und rufen. Noch eine Erinnerung aus jener Zeit ist mir teuer. Mein Vater sang öfters im Familien- oder in engeren Freundeskreisen mit seiner schönen Tenorstimme das Nachtwächterlied aus Hebels allemannischen Gedichten nach der Melodie aus der ersten Ausgabe der Silcherschen Volkslieder.

Ich freue mich, daß Sie sich die Mühe nehmen, die halbverklungenen Wächterrufe zu sammeln und als Denkmal einer früheren Zeit der Mit- und Nachwelt zu bewahren."

Dotterhausen.
1894.

Hö-ret, was i will sa - ga:

d'Glocka hot el - fe g'schla-

ga. Jetz be = tet und
jetz gohnd ins Bett, und wer a ru=
hig G'wis=sa het, schlaft sanft und wohl,
im Him = mel wacht a hei = ter
Aug' die gan=ze Nacht.

Ehingen a. D.

Nur acht Seelen u. s. w.

mit folgenden Abweichungen:

Um 9 Uhr:

Neunundneunzig ließ der Hirt,
Sucht' das Schäflein, das verirrt.

Um 12 Uhr:

Zwölf Apostel an der Zahl
Sind bei Christi Abendmahl.

Um 3 oder 4 Uhr:

Auf, ermuntert u. s. w. = Bondorf, S. 119.

> Suche mich, o Herr, und leite
> Meinen Gang nach deinem Wort,
> Sei und bleibe du auch heute
> Mein Beschützer und mein Hort!
> Nirgends als bei dir allein
> Kann ich recht bewahret sein.

Beim Abendläuten:

> Liebster Mensch, was mag's bedeuten,
> Dieses späte Glockenläuten?
> Es bedeutet abermal
> Unsers Lebens Ziel und Zahl.
> Dieser Tag hat abgenommen,
> Bald wird auch der Tod herkommen;
> Drum, o Mensch, so schicke dich,
> Daß du sterbest seliglich!

Endingen.

Vormitternacht besorgt der Polizeimann den Wache-dienst, ohne zu singen oder die Stunden auszurufen; der eigentliche Wächter, der die Wache um 1 Uhr antritt, singt wohl noch hie und da:

> Eins ist not . . . u. s. w.

Auch singt er um 3 oder 4 Uhr den Tag an:

Wohlauf, im Namen . . . u. s. w.

Endingen kann sich zweier origineller Nachtwächter rühmen.

Bis vor etwa 15 Jahren waltete ein gewisser
Johann Martin Pfefferle, „Ludehannes" genannt,
seines Amtes. In einem Wortstreite mit dem „Poli-
zeier", ob der Dienst Vor- oder Nachmitternacht hin-
sichtlich der kostenlosen Gurgelanfeuchtung in den Wirts-
häusern günstiger sei, entschied er sich fürs letztere;
denn, meinte er, „wenn i' um Uas (Eins) i's Wirtshaus komm' und die Kerle schau (schon) elli b'soffa
sind, no' zahlet sie erscht reacht!" Merkwürdigerweise
fürchtete sich der Ludehannes in der Nacht gottser-
bärmlich. Als er einst einen Schneemann erblickte,
den die muntere Jugend gebaut hatte, hielt er den
harmlosen Burschen für ein Gespenst, sprang heim
und kroch, in Angstschweiß gebadet und am ganzen
Leibe zitternd, zu seiner Frau ins Bett. Vor einem
Hause, in dem ein Toter lag, getraute er sich nie zu
singen. Auch sang er öfters, wenn ihn die Angst
meisterte oder wenn es ihm daheim in der warmen
Stube besser behagte, bloß zum Fenster hinaus. — Eben
so originell ist der gegenwärtige Nachtwächter, der auch
Johann Martin Pfefferle, aber im Volksmund „Schützabiable" heißt. Auch er sieht Gespenster. So begegnet
ihm in der Nähe der Kirche des öftern eine Maus,
die ist viel größer als eine gewöhnliche Maus und

rötlich gefärbt und so behende, daß sie ihm immer
wieder entwischt, wenn er schon vermeint, er könne sie
zertreten. Das ist die berüchtigte Kirchenmaus. »Ini-
tium delirii trementis,« sagt der Bader, aber das
versteht kein Christenmensch! Ebenso kommt bisweilen
ein gewaltig großer Hund mit feurigen Telleraugen
hinter einem Reisighaufen hervor und läuft neben dem
Wächter her, um plötzlich wieder zu verschwinden.

Das „Schützabiable“ bezieht für die Nacht 14 Pfennige und denkt sich: „Wie der Lohn, so die Arbeit!“
Er singt also nach Laune oder höchstens, bei schlechtem
Wetter wenigstens, vor seiner Hausthüre, damit es der
gegenüber wohnende Herr Schultheiß höre. Unbequeme
Mahner weiß er sich mit Humor vom Halse zu
schaffen. Sagt einer, weshalb er denn nie singe, so
meint er, er singe wohl, aber bloß für die Wachenden;
ein Schlafender könne ihn natürlich nicht hören. Läßt
ihm einer noch keine Ruhe, so brüllt er in der folgenden Nacht so lange vor dessen Hause, bis ihm der
Gequälte einen Versöhnungsschnaps zum Fenster her-
ausreicht, oder er weckt auch die Schlafenden mit hef-
tigem Gepolter auf und fragt mit feierlichem Ernste,
ob sie wohl seinen Gesang gehört hätten. Den gei-
stigen Getränken ist er so wenig abhold, daß er, wo's
nichts kostet, gern des Guten zuviel thut und dann
bereits um ein Uhr den Tag ansingt. Also . . . ein
Till Eulenspiegel unter den Nachtwächtern.

Engstlatt.

Neun undankbar u. s. w.

Um 3 Uhr:

Dreifach ist das Ackerfeld,
Mensch, wie ist dein Herz bestellt?

Man beachte die Abweichung vom gewöhnlichen
Texte „vierfach . . .", der sich an das Gleichnis vom
Säemanne (Mark. 4.) anlehnt. — Der Sänger denkt
hier wohl an die Dreifelderwirtschaft: Winter-
ösch, Sommerösch und Brachfeld, wobei ein Teil der
Ösch (Flur) die Winterhalmfrucht, ein zweiter die
Sommerhalmfrucht trägt, ein dritter aber brach bleibt
und ausruht.

Erlaheim.

Um 10 Uhr:

Hört, ihr Leute . . .
Jetzt geh' ich auf die Abendwach',
Die zehn Uhr sind vorbei;
Ihr Mägdlein alle, groß und klein,
Tragt ihr das Feuer wohl ein!
Und wenn das Feuer versorget ist,
Sag' ich: Gelobt sei Jesus Christ!

Um 12 Uhr:

Hört, ihr Leute, laßt euch sagen:
Die Glocke, die hat zwölf geschlagen!
Die Geisterstunde nennt man sie,
Und Furcht beherrschet Phantasie;
Doch es thront ein guter Geist,
Den jede Zunge Vater heißt.

In früheren Zeiten sangen die Wächter auch in den übrigen Stunden ihre Verse; doch nunmehr werden sie immer lässiger und fühlen immer weniger Lust, sich für die schlechte Bezahlung besonders anzustrengen. Also auch hier ein Aussterben des schönen Brauches!

Erligheim.

?

Neun undankbar u. s. w.

mit folgenden Abweichungen, auch spaßhaften Rufen:

Um 10 Uhr:

Zehen Fromme . . .

oder:

Zehn Milchhäfa find't ma nit
Dort uf's Schulze Hafabritt.[1]

---

[1] Spott auf einen minder begüterten Schultheißen. Hafabrit = Brett, auf welches die Töpfe gestellt werden.

Um 11 Uhr:

Um elf Uhr sprach der Herr das Wort:
„Geht auch in meinen Weinberg fort!"
oder:
„Der Hamballe ist mit Äpfel fort," [1]

Um 1 Uhr:

Eins ist not . . .
oder:
Ein Jünger war verlornes Schaf,
Die andern elf, die blieben brav.
oder:
Einer sitzet auf dem Thron:
Gott der Vater mit dem Sohn.

Um 2 Uhr:

Zwei Wege . . .
oder 1870:
Zwei Monarchen führen Krieg,
Gebe Gott, daß Deutschland sieg'!
oder:
Zwei Schächer hängen mit am Kreuz,
Der eine spott', den andern reut's.

Um 3 Uhr:

Drei Personen . . .

---

[1] Öffentliche Brandmarkung eines nächtlichen Obstdiebes.

oder:

Drei Bueba hat der Pfarrer jetzt,
Gott hat ihn recht in Freud' versetzt.[1]

oder:

Der Thaler, der hat jetzt drei Mark,
Der Gulde ist furt, des ist arg.

Der Gewährsmann, H. Lehrer Holder in E., ver-
bürgt, daß die Nachtwächter in manchen Gegenden
Schwabens auch „Nachtheuler“ genannt werden.

„Ehedem schätzte man gute Sänger, heute werden
selbst bessere Sänger verspottet; würde ein Wächter
heute improvisieren, würde er einfach abgesetzt. Früher
wurden die Nachtwächter ihrer patriarchalischen Er-
scheinung wegen geachtet, jetzt wird mit ihnen nur zu
oft dummer und plumper Ulk getrieben. Es kommt
vor, daß man sie berauscht, schwärzt, nachäfft, über
Stricke fallen läßt, so daß die armen Schlucker ihr
Ämtle gern wieder quittieren. Daß diese bedauerns-
werten Menschen vielfach auch von Landjägern in zu
weitgehender, förmlich verletzender Weise kontrolliert
werden, trägt auch dazu bei, den guten, naturwüchsigen
Humor in den Hintergrund zu drängen.“

---

[1] Gutgemeinte Beglückwünschung des (protestantischen) Orts-
geistlichen zum freudigen (?) Familienereignisse.

Erzingen.

Neun undankbar blieben sind u. s. w.

Am Montag um 3 Uhr früh:

Ein neuer Tag, ein neues Leben
Fangt mit der neuen Woche an;
Gott wird uns heut' aufs neue geben,
Was uns sonst niemand geben kann,
Und hätten wir seine Gnade nicht,
Wer gäbe uns sonst Trost und Licht?

An einem Festtage um 3 Uhr früh:

Halleluja, schöner Morgen,
Schöner als man denken mag,
Heute fühl' ich keine Sorgen,
Denn es ist ein lieber Tag,
Der durch seine Lieblichkeit
Mich im innersten erfreut.

Frommern.

Neun undankbar u. s. w.

Wenn der erste Wächter um Mitternacht abtritt,
singt er:

Jetzt wird mir meine Wacht abgenommen,
Nach mir wird ein anderer kommen,

Nach mir wird ein anderer sein,
Gott bewahr' uns groß und klein!
Wohl über die Zwölfe!

Geislingen.

Während des Jahres:

Hört, ihr Leut-lein, laßt euch sa-gen:
unf'-re Glock' hat (zeh-ne) g'schla-gen;
zehn From-me wa-ren nicht
dort bei So-doms Straf-ge-richt.
Wohl ü-ber die Zeh-ne! Gelobt sei Gott und Ma-ri-a!

Zum neuen Jahre:

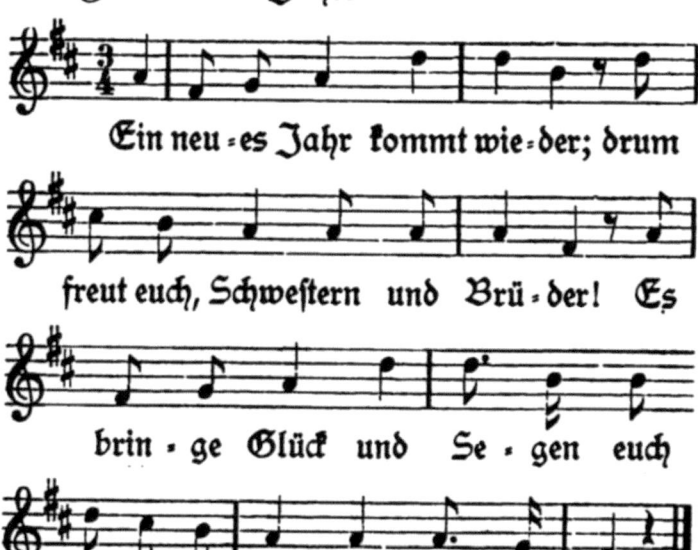

Ein neu = es Jahr kommt wie = der; drum

freut euch, Schwestern und Brü = der! Es

brin = ge Glück und Se = gen euch

und Got=tes Gnad' zum Him = mel = reich!

Hierauf folgen die Glückwünsche an die einzelnen Honoratioren (Ehrenbürger) in recitirendem Vortrage. Früher sangen die Wächter auch noch:

Wir Diener der Gemeinde der heutigen Nacht,
Wir wünschen euch Jesum zum Neuenjahrstag,
:|: Alles Glück und Zufriedenheit . . .
  Vergeßt uns nur nicht selbst dabei
  Mit eurer Gab'! :|:

Das Niedersingen:

Zur gu-ten Nacht, ihr Hoch-zeits-
leu-te, wir wün-schen euch
bei-den, wir wün-schen euch
bei-den, wir wün-schen euch
bei-den ei-ne glück-li-che Zeit! Wenn
schon kein Aug' mehr auf euch
sie-het, so sieht doch der
Him-mel be-stän-dig auf euch.

Wir wünschen euch Glück und da Frieda!

Wenn die Brautleute bei einem Hochzeitsfeste in der Nacht das Wirtshaus verlassen und in ihr Haus gehen, folgen ihnen die Wächter und geben ihnen, obiges schöne Lied singend, bis zur Hausthüre das Geleite. Man nennt das das Niedersingen.

Gmünd.

1865.

Zehn Gebote u. s. w.

mit folgenden Abweichungen:

Um 10 Uhr noch:

> Glücklich ist der Tag vollbracht,
> Gott sei Lob und Dank gebracht,
> Bitt' Maria diese Nacht,
> Daß der Herr die Stadt bewacht.

Um 12 Uhr:

> Zwölf Apostel wählte Gott,
> Zu verkünden Sein Gebot.

Um 1 Uhr:

Einer ist, der alles sieht,
Was in der ganzen Welt geschieht.

Um 4 Uhr:

Vierfach ist die Lebenszeit,
Widmet euch der Ewigkeit!
Auf und richtet Herz und Sinn' empor;
Denn es bricht ein neuer Tag hervor!
Gott sei Dank für diese Nacht,
Der so väterlich gewacht!

Seubach.

Beim ersten Ruf:

O, du treuer Menschenhüter,
Großer König und Gebieter,
Dessen Auge immer wacht,
Gieb uns eine gute Nacht!

oder:

Schenke, Vater, allen Müden
Sanften Schlaf und Seelenfrieden,
Lind're Kranken ihren Schmerz
Und gieß' ihnen Trost ins Herz!

Um 9 Uhr:

> Laßt uns nicht wie jene neun
> Gegen Gott undankbar sein!

Um 10 Uhr:

> Zehn Gebote haben wir,
> Menschen folget ihnen hier!

Um 11 Uhr:

> Um 11 Uhr sprach u. s. w.

Um 12 Uhr:

Zwölf Thore u. s. w.

oder:

Zwölf Apostel hat der Herr
Ausgerüst't mit seiner Lehr',
Ausgebreitet in der Welt,
Selig, wer daran sich hält!

oder:

Zwölf Stunden sind so schnell vorbei,
Bedenk', wie kurz das Leben sei,
Damit dich jeder Stundenschlag
An deinen Tod erinnern mag!

Um 1, 2 und 3 Uhr wie gewöhnlich.

Um 4 Uhr:

> Vierfach ist das Ackerfeld,
> Mensch, wie ist dein Herz bestellt?

Ist's dem guten Lande gleich,
O, dann ist die Ernte reich!

Tagruf an Werktagen:

Der Tag bricht an und zeiget sich,
O großer Gott, wir loben dich,
Wir bitten dich aus Herzensgrund,
Du wollest segnen Tag und Stund'!
O, lobet Gott den Herren!

oder:

Vollendet ist nun meine Wacht,
Bald weicht dem Tag die dunkle Nacht.
Dankt Gott für Ruh' und sanften Schlaf
Und betet auch und schaffet brav!

Am Sonntag Morgen:

Wachet auf, ihr lieben Leute,
Wieder kommt der Sonntag heute,
Heiliget den Tag des Herrn,
Aller Unfug bleibe fern!

oder:

Feiert auch den Sonntag wieder u. s. w.

oder:

Wach' auf, o Mensch, vom Sündenschlaf u. s. w.

Kirchberg a. Murr.

Neun undankbar u. s. w.

mit folgenden Abweichungen:

Um 12 Uhr:

Zwölf Apostel war die Zahl
Dort beim großen Abendmahl.

Um 1 Uhr:

Eins ist not, Herr Jesu Christ,
Daß du Mensch geworden bist.

Um 4 Uhr an Wochentagen:

Auf, ermuntert u. s. w. = wie Seite 35 unten.

An Sonntagen:

Feiert doch den Sonntag wieder
Mit Gebet und Dankesliedern,
Feiert doch den Tag des Herrn
Schon beim frühen Morgenstern!

Dann wird's erst recht Sonntag werden,
Wenn wir scheiden von der Erden,
Droben in der gold'nen Stadt,
Wo Gott seine Wohnung hat.

Maselheim.

Um 7 Uhr denk' an deinen Gott,
Bis 8 Uhr thu' dich richten,
Daß, wenn um 9 der jähe Tod
Den Garaus macht mit Schmerzen ... (?)
Um 10 Uhr denk' an d' Ewigkeit,
Bis es thut 11 Uhr schlagen.
Auch 12 Uhr ist keine sichere Stund'
Zum Haus hinaus zu tragen.
Wenn du um 1 Uhr frisch und g'sund,
Kannst um 2 Uhr du erbleichen.
Auch 3 Uhr ist keine sichere Stund',
Der Tod kann sich einschleichen.
Drum denk' an Tod und Ewigkeit,
So lang du lebst auf Erden!

Diese Verse werden heute noch, aber nur zwischen 11 und 12 Uhr gerufen, bisweilen auch durch ein Horn (Sprachrohr?) gesprochen.

Mengen.

Einfacher Stundenruf; am Sonntag Morgen:

Auf, ihr Christen, auf, ihr Brüder,
Feiert jetzt den Sonntag wieder,
Euern Sonntag in dem Herrn,
Wie der helle Morgenstern!

Wenn wir scheiden von der Erden,
Dann wird's erst recht Sonntag werden
Droben in der Zionsstadt . . .
Selig, wer den Eingang hat!

Ein Vergleich mit Kirchberg (S. 141) zeigt recht
schön, wie das Volk „variiert." Goethe bedient sich
dieses poetischen Mittels in seiner „Novelle", in den
Liedern des Knaben, der durch seinen Gesang den
Löwen bändiget.

Der Gewährsmann, Joseph Laub, Stadtschultheiß in M., teilt mit: „In Mengen wird der Nacht-
wachtdienst mindestens seit dem Jahre 1610 durch
Nachtwächter ausgeübt. Von früher, 1594, heißt es:
„Die Wacht unter den Scharen (Scharwache) ist
wiederum abgestellt, da die anderen Städte auch nicht
Wache halten." Nach der Eidesformel von 1610 hat
der Nachtwächter zu Gott und zu den Heiligen zu
schwören, „alle Stund' umzugehen und zu rüfen, vor-
nehmlich vor des regierenden Bürgermeisters Behau-
sung einen Ruf zu thun, bei den Thoren und wo es
bisher gebräuchlich, und so die Stund' zu rufen, daß
man's wohl verstehen kann, auch an den Thoren rot-
teln und den Wächter auf dem Wendelstein (Hochwacht
auf dem Liebfrauenkirchturme) anzurufen."

Murrhardt-Backnaus.

Nur acht Seelen u. s. w.

mit folgenden Abweichungen:

Um 10 Uhr:

Ägyptens Plagen waren zehn,
Der Herr laff' euch der' keine seh'n.

Um 11 Uhr:

Elf Jünger waren Jesu treu,
Ein jeder unter euch so sei!

Um 1 Uhr:

Es ist nur ein einz'ger Gott,
Der uns hilft aus aller Not.

Oberbößingen.

Während des Jahres nur mehr die gewöhnlichen Stundenrufe.

Neujahrswunsch:

Gott sei mit euch im neuen Jahr,
Wie er es auch im alten war,
Lobsingt ihm heut' und denkt daran,
Wieviel er euch schon Gut's gethan!

Er segne unser ganzes Land,
Den hohen wie den niedern Stand,
Auf unsern Ort, auf jedes Haus
Gieß' er des Segens Fülle aus!

Dies sei mein Wunsch zum neuen Jahr,
Der Herr erfüll' ihn ganz und gar,
Er schließ' euch alle, groß und klein,
In seinen Vatersegen ein!

Onstmettingen.

Nur acht Seelen u. s. w.

mit folgender Abweichung:

Um 4 Uhr:

Hört, ihr Leute . . .
Wecken dich die viere nicht,
Himmel, Höll, Tod und Gericht?

An Sonntagen und bei Hochzeiten hat der Nachtwächter durch Streifen im Dorfe für die Ortssicherheit
zu sorgen.

Ostdorf.

Antritt der Wache:

Hütet wohl Feuer und Licht,
Daß uns Gott behüt'!

Ich steh' jetzt da auf meiner Wacht,
Gott geb' uns allen eine gute Nacht!

Um 9 Uhr:

Neun undankbar u. s. w.

Das Taganfingen:

Wohlauf, im Namen u. s. w.

Bis zum Jahre 1880 wurde auch das Neujahr an-
gesungen. Die beiden Wächter zogen, durch sanges-
kundige Einwohner verstärkt, von Haus zu Haus und
sangen einen Liedervers aus dem (evang.) Gesangbuche. Hierauf wurden sie von den Hausleuten be-
schenkt. Da jedoch die durch Most, Bier und Schnaps
geschaffene Begeisterung bis zum Neujahrsmorgen oft
einen allzu hohen Grad erreichte, erhöhte das Kolle-
gium die Besoldung der Wächter und schaffte dafür das
Neujahranfingen ab.

Bis dahin lautete der Neujahrswunsch:

„Wir wollen uns bedenken,
Ein neu's, gut's Jahr euch wünschen,
Ein neu's gut's Jahr,
Das werde wahr,
Was wir euch wünschen,
Das werde wahr!"

Nun . . . daß dieser Wunsch nicht mehr gehört wird,
ist wohl kaum zu bedauern; ihm ist nicht einmal die
Volksmuse Pate gestanden!

Pfeffingen.

Nur acht Seelen u. s. w.

mit folgenden Abweichungen:

Um 10 Uhr:

> Zehn Jungfrauen gingen aus,
> Sünfe nur ins Hochzeitshaus.

Um 12 Uhr:

> O, wie schnell lauft uns're Zeit,
> Mensch, bedenk' die Ewigkeit!

Ravensburg.

?

Nur acht Seelen u. s. w.

mit folgenden Abweichungen:

Um 11 Uhr:

> Elf der Jünger waren treu,
> Judas Kuß war Heuchelei.

Um 12 Uhr:

> Zwölf Stund' hat ein jeder Tag
> Und ein jeder seine Plag.

Um 1 Uhr:

> Es ist nur ein einz'ger Gott,
> Ruf' ihn an in jeder Not!

10*

Scheer.

Die einzelnen Stunden werden nicht mehr gerufen, wohl aber giebt's einen Abendruf und einen Tagruf; ebenso singt der Wächter am Sonntagmorgen und in der Christnacht.

Abendruf:

Gebet acht auf Feuer und Licht,
Denket nicht: Ein Funke schadet nicht!
Ein Funke, sei er noch so klein,
Er äschert Städt und Dörfer ein.

Tagrufe:

Die grause Nacht, die geht zu End',
Drum freue dich, o Menschenkind!
Verlaß im Namen Jesu jetzt
Mit Dank nun deine Lagerstätt',
Sei frohen Mut's und trau' auf Gott,
Dann geht die Arbeit munter fort!

Wach' auf, o Mensch, vom Sündenschlaf
= S. 120.

Am Sonntagmorgen:

Auf, ihr Christen, auf ihr Brüder = S. 142.

In der Christnacht:

Hört und laßt euch sagen,
Was sich in Bethlehem hat zugetragen,

Was allda geboren ist,
Unſer Heiland Jeſu Chriſt!

Der Nachtwächter Wunibald Hering hat in ſeinem
Neujahrbüchlein (1885) folgende Lieder:

Der Wächter:

Der Wächter ruft die Stunde,
Hat weder Raſt noch Ruh',
Er macht des Nachts die Runde
Und ſchließt kein Auge zu.
Die Glock' hat neun geſchlagen,
Gebt acht aufs Feuer und Licht,
Und wird es morgen tagen,
Vergeßt den Wächter nicht!

Wir wünſchen dem Herrn N. N.
Ein glückſelig's Neujahr,
Dies wünſcht von ganzem Herzen
Die frohe Sängerſchar.

Beim Herrn Pfarrer:

O, dreimal beglücktes Scheer,
Was verlangſt du noch mehr?
Du kannſt ja wahrlich prangen
Mit ſo gelehrter Prieſterſchaft,
Die ei'm jeden nach Verlangen
Alles Heil und Nutzen ſchafft.

Dich daher, o, nicht verweil,
Komm' mit uns daher in Eil,
Anzuwünschen sonderbar
Ein glückseliges neues Jahr!

Ja, wir wünschen immerfort,
Daß der Herr an diesem Ort
Noch vielmehr, als er gewesen,
So lang bleibe unser Hirt
Und, die heilige Meß' zu lesen,
Gott die Gnad' verleihen wird,
Daß wir unsern Seelennutz,
G'winnen unter deinem Schutz:
Anzuwünschen sonderbar
Ein glückseliges neues Jahr.

Wir dahero aus Antrieb
Wahrer und getreuer Lieb'
Unsere Wünsch' dahier ablegen,
Daß der Höchste immerdar
Dem Herrn Pfarrer alles Glück
Und Segen gäb das ganze Jahr.
Seine Müh' auch Gott zumal
Sowohl hier als dort bezahl':
Anzuwünschen sonderbar
Ein glückseliges neues Jahr.

Neujahrslied:

Scheide, altes Jahr!
Mit dir scheide zur Vergessenheit,
Was uns schmerzte, was uns auch gefreut.
Scheide, altes Jahr!
Freud' und Kummer bracht' es viel,
Bracht' uns näher an das Ziel . . .
Herb's und Bitteres dahin . . .
Scheide, altes Jahr!
Sinkt ja Schönheit, Reichtum, Ehr und Macht
Sicher mit der Zeit in die öde Nacht.
Ja, fahre, fahr' dahin!
Scheide, altes Jahr!
Zeit, sie wechselt, wir in ihr,
Nichts wohl hat ein Bleiben hier,
Zieh' zur frühern Schar . . .
Scheide, altes Jahr!

Komme, neues Jahr!
Millionen Menschen harren dein,
Zieh bei allen Menschen fröhlich ein,
Gutes neues Jahr!
Jeder Stunde Glockenschlag
Lind're Schmerz und Trauerklag'!

Tilge die Not und Gefahr,
Sei ein glückseliges Neujahr!
Komme, neues Jahr!
Bringe frohe Stunden, Glück und Heil,
Gottes Segen werde uns zu teil,
Gutes neues Jahr!
Körperwohl, Zufriedenheit,
Seelenruh', Glückseligkeit,
Dieses nun bringen wir dar,
Wünschen zum kommenden Jahr!

Der Nachtwächter von Scheer ist ordnungsgemäß mit Laterne, Spieß und Mantel ausgerüstet.

Stuttgart.

1845.

Nur acht Seelen u. s. w.

mit folgenden Abweichungen:

Um 9 Uhr:

Dort macht Jesus zehen reine,
Aber, ach, wo sind die neune?
Einer nur wird Gotteskind,
Neune bleiben, wie sie sind.

Um 10 Uhr wurde die Rathausglocke geläutet.

Um 12 Uhr:

Zwölf Thore u. f. w.

oder:

Bist du müd' der Eitelkeiten
Und der Leiden dieser Zeiten,
Schau' dort auf die neue Stadt,
Die zwölf Perlen=Thore hat.

Beim Anrufen des Tages:

Stehet auf in Gottes Namen,
Hebet Herz und Händ' zusammen,
Danket Gott für diese Nacht,
Der uns väterlich bewacht!

oder:

Der Tag bricht an, Gott steh' uns bei,
Daß dieser Tag gesegnet sei!

Nach dem Zeugniffe des Herrn O. Völker aus
Stuttgart, derzeit in Budapeft, fangen die Stuttgarter
Nachtwächter auch Hebels Nachtwächterlied und leiteten
den Gefang ein:

„Hört, ihr Leutla, laßt euch faga:
D' Glocka hot zehne g'fchlaga.
Bewahret Feuer und Liecht,
Daß euch Gott in Gnada behüet!
Wohl um die Zehne!

Treffelhausen.

Als der Demokrat Hähnle bei der Septenatswahl 1887 über den liberalen Augsburger Bürgermeister Fischer, genannt der rote Fischer, siegte, sang der Wächter:

Hört, ihr Leutle, was i uich will saga:
Der Hähnle hot da Sischer g'schlaga . . .
Botz Heidesack!

Tübingen.
1860.

Jede Nachtstunde von 9 Uhr bis 3 Uhr:

Hört, ihr Leute, laßt u. s. w.
Gebt auf Feuer und Licht wohl acht,
Gott behüt' euch . . . gute Nacht!

Neun undankbar u. s. w.

mit folgenden Abweichungen:

Um 12 Uhr:

Zwölf Apostel wählt' der Herr,
Zu verbreiten sein Lehr'.

Um 3 Uhr:

Glaube, Hoffnung und die Lieb',
Vater, diese drei uns gieb!

Unterdigisheim.

?

Zehen Fromme u. s. w.

mit folgenden Abweichungen:

Um 12 Uhr:

Zwölf Stunden hat ein jeder Tag,
Mensch, gedenk, du mußt ins Grab!

oder:

Zwölf Apostel an der Zahl
Dort bei Christi Abendmahl.
Elf nur sind ihm treu geblieben,
Einer ließ sich Geld belieben.
Menschen, nehmt euch wohl in acht,
Daß ihr's nicht wie Judas macht!
Ist wohl über die zwölfe,
So helf uns Gott und Maria!

Vormitternacht für jede Stunde:

Höret aus des Wächters Munde
Einen stillen Abendgruß;
Denn es schlägt die . . Stunde,
Die ich' euch verkünden muß.

Nach einer gefälligen Mitteilung des H. Schultheiß von U. wurde der Gesang der Nachtwächter erst
vor kurzem abgestellt, soll aber wieder aufge-
nommen werden.

Wangen.

1840.

Acht Gerechte Noe zählt,
Die der Herr zur Rettung wählt.

Neun Uhr war's, da Jesus spricht:
„Gott und Herr, verlaff' mich nicht!"

Zehn Gebote schärft Gott ein,
Laßt uns ihm gehorsam sein!

Eilfe blieben treu dem Herrn,
Ein Verräter schlich von fern.

Zwölf Apostel wählte Gott,
Die verkünden Sein Gebot.

In Einigkeit ist Gott allein,
Einig sollen die Menschen sein!

Zweifach ist die Lebensbahn,
Herr, zur beffern treib' uns an!

Drei sind, die mein Loblied 'preist,
Vater, Sohn und heilig' Geist.

Vierfach ist die Jahreszeit,
Die man sieht in Ewigkeit.

Taganruf:

Auf, ermuntert euern Sinn,
Seht den hellen Tag umhin!
Stehet auf in Gottes Namen . . .
Gelobt sei Jesus Christus, Amen!

Weikersheim.

Neujahrswunsch:

Höret an und laßt euch sagen:
Unsere Glock hat zwölf geschlagen,
Hat zwölf geschlagen!

Wiederum ein Jahr verschwunden
Mit sorgenvollen, bangen Stunden!
So wollen wir im neuen Jahr' der ersten Stund'
Gott loben und preisen mit Herz und Mund.
Zu dir erhebt sich uns're fromme Seele,
O Weltenlenker, Herr Gott Zebaoth;
Im frommen Aufblick' falten wir die Hände,
Denn wir erkennen: Du allein bist Gott!
Das Jahr bricht an, erhebe dich, o Seele,
Und sing' dem Schöpfer einen Lobgesang.
Vom Tod' zum Leben hat er uns gerufen,
Drum sinke hin und bet' ihn freudig an!

Es wachte über uns der treue Hüter,
Deff' Auge nie ein Schlummer hat berührt,
Der aus der Nächte sorgenvollem Grauen
Zum Licht' des Lebens uns emporgeführt.
So wollen wir im neuen Jahr' das Tage-
                    werk beginnen
Und frei und mutig immer vorwärts geh'n,
Zu jeder guten That stets ausgerüftet,
Zum Kampf für Recht und Tugend mutvoll
                    steh'n.
Nun sei auch im neuen Jahre Gottes starke
                    Hand
Mit dem Könige in unser'm Land!
Dem Geiftlichen kehr' Gottes Wort
Nicht leer zurück an seinen Ort!
Das Amt der Lehrer trage Frucht,
Die Jugend wachf' in guter Zucht!
Dem Herrn Stadtschultheiß und Ge-
                    meinderat
Wünsch' ich Gottes Segen früh und spat!
Das Wohl der Bürger sich vermehr'
Zu jedermanns Lob, Preis und Ehr'!
In Haus und Feld, in Keller und Stall,
Da wohn' der Segen überall!

Ich wünsche, daß Mann, Frau und Kind
Und das Gesind stets einig sind,
Ja, der Herr, unser Gott, wolle uns gesund
erhalten
Und mit seinem Segen über uns walten . . .
Dies ist mein Wunsch im neuen Jahr,
Gott gebe, daß es werde wahr!
        Prost Neujahr!

Weinsberg.

Um 7 Uhr:

    Hört, ihr Leute, laßt . . .
    Sieben Wort sprach Jesus Christ,
    Der am Kreuz gestorben ist.

Um 8 Uhr:

    Nur acht Seelen u. s. f.

Um 5 Uhr:

    Die fünf Wunden unsers Herrn
    Leuchten wie der Morgenstern.

Um 6 Uhr:

    Vergangen ist die finst're Nacht,
    Der Wächter hat sein Amt vollbracht.
    Ihr Christen, geht an den Beruf,
    Zu welchem Gott der Herr euch schuf!

Österreich=Ungarn.

Asparn a. d. Zaya.

?

Alle meine Herrn, laßt euch sag'n:
Der Hammer und der hat (neune) g'schlag'n!

Ihr Frauen und Mädelein,
Schürt das Feuer fein fleißig ein,
Machet darüber das heilige Kreuz,
Gott Vater, Sohn und heiliger Geist,
Rufet dazu alle Heiligen an
Wie auch den Sankt Florian!
Heiliger Florian, steh' uns bei,
Mach' uns von allen Feuersbrunsten frei!
Loben wir Gott und unser' liebe Frau!
Hat (neune) g'schlag'n!
Gelobt sei Jesus Christus!

Um 2 Uhr (im Sommer), um 3 Uhr (im Winter):

Alle . . . . g'schlag'n!
Hausdirn, steh' auf, es ist schon Zeit!
Die Vögelein singen auf grüner Heid',
Der Fuhrmann auf der Straß'n;
Gott wird uns nit verlaff'n.

Alle meine Herrn, seid munter und wach!
Der Tag vertreibt die finstre Nacht.
Der Tag kommt herein:
Gott wird uns allen gnädig sein.
Hat . . . g'schlag'n!
Gelobt . . .

Bausnitz.

?

Tritt der Nachtwächter in ein Gasthaus, so pflegt er zu singen:

Der Nachtwächter in der Runde
Bläst seine zwölfte Stunde;
Greift gleich in alle Toschen (Taschen),
Ob nicht noch ein Groschen
Auf ein Gläschen Branntwein wär'!

Bregenz.

Um 9 Uhr:

Ihr Herrn . . .   . . . g'schicht = Cilli S. 164.
Ehre Guta! Ehre Guta!

Um 3 Uhr:

Stehet auf im Namen Jesu Christ!
Der helle Tag vorhanden ist.

Er kommt daher zu schleichen
Mit Maria der Trostreichen,
Drum lasset uns vergleichen
Jetzt und alle Zeit . . .
Lobet Gott in alle Ewigkeit!
Gelobt sei Jesus Christus!

Der seltsame Ruf „Ehre Guta!" hat folgende geschichtliche Grundlage:

Im Oktober 1407 lagerten sich die Bauern aus
Appenzell (Schweiz) vor Bregenz und beschossen und
belagerten die Stadt, die den Grafen von Montfort
gehörte, trotz des ungewöhnlich strengen Winters. Da
schloß der Adel von Oberschwaben auf Betreiben des
Grafen Rudolf von Montfort-Tettnang-Scheer am
21. November desselben Jahres einen Bund, nahm
Söldner an und rückte in aller Stille und Schnelle gegen
Bregenz, um die Stadt zu entsetzen. Der Hauptmann
der Appenzeller hinwiederum, der vom Anrücken des
schwäbischen Bundes, der St. Georgsritter, Kunde erhalten hatte, sah sich in seiner Heimat um Hilfe und
Verstärkung um, versäumte aber, im Lager Wachsam-
keit und gute Ordnung zu halten. So geschah es, daß
ein Weib das Lager auskundschaften und dem Grafen
Rudolf über den Feind Bericht erstatten konnte. Ehe
die Verstärkung aus der Schweiz ankam, stürmten die
Ritter das Lager der Bauern und schlugen sie vollständig aufs Haupt. Dies geschah am Hilariustage

(13. Januar) 1408. (Vergl. Vonbun-Sander „Die Sagen Vorarlbergs".) — **Die** Volksfage nun nennt jene Ret-terin der Stadt Guta und weiß zu berichten, das Weib habe sich als Lohn vom Bregenzer Magistrate Nahrung und Obdach erbeten und gewünscht, die Nachtwache möge in der Zeit von Martini (11. No-vember) bis Lichtmeß (2. Februar), also in der Zeit der Gefahr und Rettung, die neunte Abendstunde mit dem Rufe anzeigen: „Ehre Guta!" — Diese Anord-nung des armen Weibes wurde durch 404 Jahre ge-treu befolgt, bis 1812 der damalige kgl. bayerische Landrichter Weber diese geschichtliche Erinnerung ab-schaffte. Als aber Vorarlberg wieder an Österreich fiel, lebte dieser Wächterruf beim dankbaren Volke allsogleich wieder auf. Auch Poeten wie Aloys Weißen-bach, Johann Gabriel Seidl u. a. haben die That des wackeren Weibes verherrlicht, und lange Zeit hielt man das schöne Relief ob der Choröffnung, durch die man in die Altstadt Bregenz gelangt (es stellt eine jugendliche Frauengestalt dar, die auf einem sattellosen, ungezäumten Pferde sitzt und nahenden Pferden in einem schalenförmigen Gefäße Futter reicht), für ein Denkmal der Guta oder Ehrguta. Es ist dies je-doch, wie J. Bergmann nachwies, ein Bild der römi-schen Göttin Epona. (Vergl. noch meine Erzählung „Ehrguta" in H. Proschkos „Jugendlaube", B. 9 und 10, S. 123—130 und in meinem Volksbuche „Nimm lies!" S. 344.)

Budweis.

Der Turmwächter singt jede Stunde nach allen vier Weltgegenden:

Ge = lobt sei Je = sus Chris = tus in al = le E = wig = keit!

Cilli.
1862.

Ihr Herrn und frau'n, laßt euch sag'n:

der Ham=mer hat zehn Uhr g'schlag'n. Be=

wahrt das feu = er und auch das Licht,

daß euch kein Un = glück g'schicht!

Zehn Uhr! Ge=lobt sei Je=sus Christus!

Dornbirn.

1868.

Eingang um 9 Uhr:

Jetzt geh' ich auf die Abendwacht,
Gott geb' uns allen eine gute Nacht!

Hört, ihr Leut', und laßt euch sag'n:
Der Hammer u. s. w.
Versorgt wohl Feuer und Licht,
Daß uns Gott und Maria behüt'!
Gelobt u. s. w.

Von 10—2 Uhr nur der Stundenruf.

Um 3 Uhr:

Hört . . .   . . . g'schlag'n,
Wacht auf im Namen Jesu Christ,
Da der Tag vorhanden ist!
Gelobt u. s. w.

Drosendorf.

1874.

Alle . . .   . . . g'schlag'n.
Die finstere Nacht, die tritt herein,
Gott wird uns allen gnädig sein!

Is' das Madel groß oder klein,
Schür's das Feuer fein fleißig ein,
Und schür' es ein mit großem Fleiß,
Gott Vater, Gott Sohn, Gott heiliger Geist!
Und rufet alle Heiligen an,
Den heiligen Sankt Florian,
Daß er uns beschütz' vor Feuersflamm'.
Alle meine Herrn, um was ich euch bitt',
Vergeßt's auf die armen Seelen im Fegfeuer nit,
Und halt's meine Wort' für keinen Spott,
A glückselige Nacht, die geb' euch Gott!
Schlaft's ein in Gottes Namen,
's hat (neune) g'schlag'n . . . Amen!

Um 2, bezw. 3 Uhr wie in Asparn S. 160 u. 161.

Anmerkung des Gewährsmannes:

„Man braucht gerade kein Frömmler zu sein, um
diese im einfachen Tonfall gesungenen, gemütvollen
Rufe entschieden schöner und für eine noch von mittel-
alterlichem Mauerwerk umschlossene Feste würdiger zu
finden, als die an ihre Stelle getretenen schrillen „Mark
und Bein durchdringenden" Pfiffe, die nunmehr seit
ungefähr 20 Jahren die Nachtstille des „alten Städtl's
an der Chey" durchgellen. Und so wie in Drosa, so
ist's auch an anderen Orten. Der Nachtwächter mit
Hellebarde, Horn und Laterne gehört schon der Vergangenheit an, die Pfeife mit ihren an die Notsignale

einer Lokomotive gemahnenden Tönen verdrängt auch auf den Dörfern das altväterliche „Büllhorn". Man spürt's, daß man im Zeitalter des Dampfes und der Elektricität lebt!

Obwohl nun schon eine geraume Zeit verflossen ist, daß in Drosendorf zum letztenmal der alte Nacht-wächterruf erscholl (1874), so giebt es hier doch noch manche Leute, die sich jener Umstände erinnern, unter welchen die Pfeife eingeführt worden ist. Eines schönen Tages ließ nämlich ein Oberbeamter, der nach Drosen-dorf stationiert wurde, gleich in der ersten Zeit seines Hierseins den erstaunten Nachtwächter zu sich rufen, übergab ihm eine Pfeife und verbot ihm das Rufen. Eine Sommerpartei, so hieß es, habe sich über die laute Stimme des damaligen Nachtwächters beklagt. Einige Bürger waren aber nebstdem der Meinung, daß wohl auch andere Beweggründe vorhanden gewesen sein mögen, die zur plötzlichen Abschaffung des „christ-lichen Stundenrufes" Anlaß gaben. Der Beamte, welcher dem Nachtwächter das Singen verbot, war konfessionslos und seine Frau eine Hebräerin.

Einzelne Nachtwächter in Drosendorf erfreuen sich heute noch eines Angedenkens. So z. B. der, welcher in den 50er Jahren Hab und Gut der Bürger von Drosa bewachte und hierfür jährlich 32 fl., zwei Klafter Stockholz, eine bescheidene Naturalwohnung und den Nachtwächtermantel bezog. Er hieß B a u e r und unter-ließ es nie, die Leute am heiligen Abend ganz beson-ders an die Geburt Christi zu erinnern. Wenn er seinen „Neun-Uhr-Segen" abgesungen hatte, so blies er auf seiner Trompete einen kleinen Choral, dann schnalzte er dreimal laut mit einer langen Peitsche und ahmte dazu möglichst naturgetreu das Meckern der Schafe und das Brüllen der Ochsen nach, weil nach der Legende Christus in einem Stalle das Licht der Welt erblickt hatte. — Sein Nachfolger erfreute die Bewohner durch seine angenehme und klangvolle Stimme, währenddem der folgende Nachtwächter, damals noch ein junger Bursch, über ganz außerordentlich gewaltige, weithin hörbare Stimmmittel verfügt haben soll, jedenfalls eine anerkennenswerte Eigenschaft für einen Stundenrufer.

Dürnstein.

1850.

Um 3 Uhr:

Alle . . . . .

Hausdirn', steh' auf, es ist schon Zeit,
Das Morgenrot ist schon bereit.
Tritt aus dem Bett in Gottes Nam'

. . . .

Die heilig' Nothburga[1]) hat uns ein Beispiel
                                        geben,
Ein jeder Dienstbote mag so leben.

---

[1]) Nothburga, Patronin der Dienstboten.

Thu' deine Pflicht und arbeit' g'schwind,
Der liebe Gott, der weiß dein' Sünd',
Lobet mir Gott und Uns're Liebe Frau!
Hat 3 Uhr g'schlagen!
Gelobt u. s. w.

Gegenwärtig singen die zwei Nachtwächter, der eine von 9—12, der andere von 1—3 Uhr, nur die Stundenrufe.

Eisenstadt.

Der gewöhnliche Stundenruf:

Alle   .   .   .

Der Nachtwächter von Eisenstadt versieht seinen Dienst noch mit Hellebarde und Laterne.

Falkenau.

Neujahrslied, von beiden amtierenden Nacht-wächtern bei gemeinschaftlichem Rundgange gesungen:

Erster Nachtwächter:

Ihr Herrn, seid munter, merket auf mit Fleiß,
Sagt Gott dem Herrn Lob, Ehr' und Preis
Für das vergang'ne Jahr,
Daß er von uns abg'wendet hat
All Übel und Gefahr;
Dafür laßt uns ihm danken.

Auch unf'rem güt'gen Kaiferhaus
Wünfchen wir nach Pflicht und Brauch
Ein glückfelig's neues Jahr,
Daß der Adler und der Löw'[1]
Allzeit zu Gottes Ehre fchweb'!

Zweiter Nachtwächter:

Herrn Bürgermeifter, Ratsverwandt
Wünfchen wir insgefamt
Ein glücklich neues Jahr,
Daß fie gut adminiftrieren!
Auch der hochwürd'gen Geiftlichkeit
Wünfchen wir ein glücklich neues Jahr,
Damit fie ihre Schäflein führen,
Damit fich keines möcht' verirren!
Dem Eheftand ein Blümelein,
Das heißen foll „Vergißnichtmein",
Daß fie einander lieben,
In aller Qual und Angft und Not
Beiftehen bis zum Tod,
Einander nicht betrüben!

---

[1] Adler im Wappen der Habsburger und Löw' im Wappen
Bayerns bedeuten: Kaifer Franz Jofeph I. und deffen Gemahlin
Elifabeth.

Erster Nachtwächter:

Junggesell und Jungfrau rein
Wünschen wir das neugeborne Jesulein
Zu diesem neuen Jahre;
Von weißen Rosen einen Kranz,
Die Dörner sind Schild, Wehr und Schanz,
Den Feind stets abzuwenden.

Zweiter Nachtwächter:

Ihr Dienstmädchen, bleibt schön zu Haus,
Geht nicht zu jedem Tanz und Schmaus,
Thut euern Lohn ersparen!
Geht nicht ins Wirtshaus, nicht zum Tanz,
Sonst werdet ihr gekrönt mit einem Stroh-
kranz,[1]
Viele haben's schon erfahren!
Den armen Seelen in der Pein
Woll' Gott der Herr auch gnädig sein
Und ihre Sünd' vergeben!

Beide Nachtwächter zusammen:

Wir danken unserm lieben Gott,
Daß er uns dieses Jahr beschützet hat.
Gelobt sei Jesus Christus
Und Uns're Liebe Frau!

[1] Der „Strohkranz" ist das Zeichen der verlorenen Jungfrauschaft.

Vgl. „Mitteilungen des Vereines für Geschichte der Deutschen in Böhmen", Prag, 24. Jahrgang, S. 325.

Fehring.
1845.

Al = le mei = ne Herrn und frau = en,

laßt's enk fag'n: der Ham = mer und

der hat zech = ni g'fchlag'n. Gebt's

Ach = tung auf das feu = er und auf das

Liecht, daß uns der lie = be Gott be =

hüet bei Tag, bei Nacht, und un = fer lie = be

frau! Hat zech = ni g'fchlag'n.
Gelobt fei Jefus Chriftus!

St. Gilgen am Abersee.

Um 10 Uhr:

Alle Herrn und Frauen, laß euch sag'n:
Der Hammer hat 10 Uhr g'schlag'n.
Gebt acht auf Feuer und auf Licht,
Daß heut' nacht kein Unglück g'schicht!
Der heilige Florian steh' uns bei,
Vor Feuer und Flamme uns befrei'!
Hat 10 Uhr g'schlag'n!

Um 11 Uhr:

Alle Herrn und Damen, schlaft in sanfter Ruh',
Ich schon für euch wachen thu'.
Der ganzen Christenheit seid eingedenkt,
Und den armen Seelen ein Vaterunser schenkt!

Um 12 Uhr:

Allerseligste Jungfrau Maria, steh' uns bei,
Vor gähem Tode uns befrei'!

Um 1 Uhr:

Heiliger Schutzengel, weich' nicht von uns!
Heiliger Egydius, bitt' für uns!

Um 2 Uhr:

Wir danken dir, heiligste Dreifaltigkeit,
Daß du uns von Feuer und Flamm' hast befreit.

Der Gewährsmann bemerkt u. a.: „Ich begrüße Ihren Entschluß, die einer altehrwürdigen, aber immer seltener werdenden Institution entstammenden Volkspoesien vor der Vergessenheit zu retten, aufs wärmste.

Unser Nachtwächter singt noch allnächtlich, mit einer alten Hellebarde bewaffnet, von 10—2 Uhr stündlich an bestimmten Punkten des Ortes seine Liedlein. Nach 2 Uhr begiebt sich auch der Nachtwächter zur Ruhe, wahrscheinlich in der Voraussetzung, daß um 3 Uhr schon manche Ortsbewohner ihr Tagewerk in Stall und Feld beginnen, somit sein Argusauge überflüssig wird."

Haringsee.

Während des Jahres die in Österreich allgemein üblichen Rufe und Lieder.

Zu Weihnachten.

Am heiligen Abend um 6 Uhr:

Freuet euch, ihr Christen, heut'
Und seid bereit
Zu dieser heiligen Weihnachtszeit!
Er steigt herab vom Himmelsthron
Der allmächtige Gottessohn.
Als armes Kind ist er geboren,
Zu suchen, was in der Welt verloren.

Drum danket Gott mit Herz und Sinn
Und eilet zu der Krippe hin,
Dort werdet ihr Jesum finden!
Gelobt sei Jesus Christus!

Um 8 Uhr:

Betrachtet, was die heutige Nacht ist geschehen,
Wie Joseph und Maria nach Bethlehem gehen.
Ein Quartier konnten sie nicht finden,
Sie mußten übernachten bei Esel und Rinden,
Sie mußten aufsuchen eine Höhle im Berg,
Wo öfters einkehrten die Hirten mit ihrer
                                            Herd'.

Um 11 Uhr:

Liebe Christen, jetzt kommt unser Verlangen,
Was Maria vom heiligen Geist hat empfangen,
Da ihr der Engel den Gruß hat gebracht,
Dann soll sie gebären die heutige Nacht,
Sie soll heut' gebären das göttliche Kind,
Das auf sich nimmt all unsere Sünd'.

Um 3 Uhr:

Hausdirn', steh' auf, es ist schon Zeit,
Thu' Jesum umarmen mit größter Freud';

Leg' ihn in dein Herz hinein
Und denk': Jesus, du bist mein!
Küß ihn mit Herz und Mund
Bis auf deine letzte Stund'!

Hammern.[1])

Um neun Uhr und zu jeder Stunde bis 2 Uhr:

Al - le mei - ne Herr'n und laßt euch's

sag'n: der Ham = mer der hat neu = ne

g'schlag'n. Die finst' = re Nacht, die tritt her=

ein, Gott wird uns al = len gnä = dig

[1]) Mitgeteilt von Dr. Karl Preißecker, Schriftwart des deutschen Volksgesangvereins in Wien, nach der mündlichen Überlieferung des Kuhhirten und Nachtwächters Franz Donner 1897.

sein. Ist das Mäd-chen groß o - der

klein, so schirt sie das feu = er fein

flei - ßig ein, so schirt sie's ein mit

gan-zem Fleiß und macht sie's da-rü-ber das

hei - li - ge Kreuz, Gott Va - ter,

Sohn, Gott hei - li - ger Geist. Der

hei - li - ge Sankt Flo - ri - an

wird uns be-schü-tzen vor feu-er und

flamm', vor ga=chem Tod. So gibt uns

Gott ei = ne schöne gu = te Nacht. Al=le meine

Herr'n, um was i euch bitt': ver =

geßt's auf die ar=men Seel'n im feg=feu=er

nit! So lo=ben wir Gott und uns'=re lie=be

frau. Hat neu = ne g'schlag'n. Ge=

lobt sei Je = sus Chris = tus!

Um 3 Uhr:

Hausdirn, steh' auf u. s. w. = Asparn S. 160.

Kamnitz und Umgebung.

1870.

Antritt des Wächters:

Kamm[1]), doß da Sega[2]) zahne schläjt,
Wird schun dos Zeug zu rachte glejt[3]),
Langt's Horn, langt's Horn, langt d' Lanze
'rüm,
Na, wie's[4]) denn heite gor nej stimm'?
:|: Nu gieht da Tanz vo' frisch'n lus,
   Doch 's dauert bis um dreie bluß! :|:

Stundenruf:

Ihr lieb'n Leute, lußt euch forn[5]):
Itz hout da Sega zahne g'schlorn,
Hobt uk ufs Liecht und Seua ocht,
Doß niemand fein keen Dummhet mocht!

Hört, ihr Leute, lußt euch forn:
Die Glucke hout schun elfe g'schlorn,
Gieht olle schlouf'n ai Goutsnom',
Doß 's Togewark euch gieht marne[6]) z'famm'!

Na, ihr Leute, lußt euch forn:
Itz hout da Sega zwölfe g'schlorn,

---

[1]) kamm = kaum. — [2]) Sega = Uhr. — [3]) glejt = gelegt. —
[4]) wie's = will's. — [5]) forn = fagen. — [6]) marne = morgen.

Itz bat' an Rusenkranz und singt,
Doß euch kee Geist ais Haus 'nei' springt!

Hört, ihr Leute, lußt euch sorn:
Die Glucke hout itz ees g'schlorn,
Die Geistastunde ejs vobei,
Itz schlouft ock wieda ruhich ej'!

Hört, ihr Leute, lußt euch sorn:
Itz hout da Sega zweje g'schlorn,
Nu schlouft ock nu a bißl g'schwind,
Weil bold da neue Tog beginnt!

Hört, ihr Leute, lußt euch sorn:
Itz hout schu d' Turmuhr dreie g'schlorn,
Mei' Nochtwark, dos ejs itz vo'brocht,
Drum wünsch' ich oll'n itz gude Nocht!

Nachtwächterlied:

Dos Nochtwachtalabn ejs wirklich a G'nuß,
Denn wos ma bei Toge sich denken ock muß,
Dafährt¹) ma' ain Dunk'ln, und wos moncha'
                              mocht,
Vo dan se garscht'²) munk'ln, dos uffenbort
                              d' Nocht.

----

¹) dafährt = erfährt. — ²) garscht' = garstig, häßlich.

Kümmt ana' zum Beispiel besuff'n spägt hem,
Dafährt's wu ke Nuppa,[1]) doch ich sah'n
                                    stemm,
Sie hegt'n an Beng'l und schimpp', doß oll's
                                    krocht:
A Weib ejs kee' Eng'l, dos uffenbort d' Nocht.

O' d' Heirot gieht moncha', da' d'g'funden a'
                                    Schog,
Dou giebt's a' Umorf'ln,[2]) dou segt's monch'n
                                    Schmog;
Doch Mounat ock dauat bei dan' zwei die
                                    Procht,
Uf wos se donn lauat, dos uffenbort d'
                                    Nocht.

Kreusdorf.

Um 10 Uhr:

Alle . . .   . . . g'schlagen.
Heiliger Florian, bitt' für uns,
Daß uns Gott behüt' vor Feuersbrunst!
Hat zehni g'schlagen.
Gelobt . . .

---

[1]) Nuppa = Nachbar. — [2]) umorf'ln = umarmen.

Um 12 Uhr:

>Es ist schon zwölfe auf der Uhr,
>Da rasten alle Kreatur,
>Soviel ihr sind auf Erden.

In der heiligen Fastenzeit:

Um achte betrachte, daß jetzt ist die Fasten,
Daß Jesus kein Augenblick kann sitzen noch
rasten;
Am Ölberg er hietzet[1)]
Blut und Wasser er schwitzet . . .
Hat achte g'schlagen.

Lustenau.
1850.

Zu Nacht, wenn alles schnarcht und liegt
In weichen Federbetten,
Wenn Fledermaus und Eul' umfliegt,
Gespenster geh'n in Ketten,
Dann geh' ich in dem Dorf umher
Mit meinem Stock von Eisen schwer
Und schreie:

>Hat zehn Uhr g'schlag'n!
>Hat zehn Uhr g'schlag'n!

[1)] hietzet = jetzt (jetzund).

Kein Dieb, sei er auch noch so frisch,
Soll mir zu Leibe kommen,
Er wird als wie ein Federwisch
Von mir beim Kopf genommen
Und immerfort ins Loch gebracht;
Dann geh' ich ruhig fort die Nacht
Und schreie:

> Hat elf Uhr g'schlag'n!
> Hat elf Uhr g'schlag'n!

Seh' ich die Mädchen noch beim Span
Die Läus' und Flöh' totdrucken,
So komm' ich wie der wilde Mann
Und fange an zu spucken.
Da geht's zu Bette ohne Wort,
Und lachend geh' ich wieder fort
Und schreie:

> Hat zwölf Uhr g'schlag'n!
> Hat zwölf Uhr g'schlag'n!

Und will ein Knecht sich irgendwo
In abgeleg'nen Ecken
Mit seiner Magd um so und so
Zur Lust einmal verstecken,

Ganz sachte schleich' ich mich heran,
Und bin ich da, so fang' ich an
Zu schreien:
>> Hat ein Uhr g'schlag'n!
>> Hat ein Uhr g'schlag'n!

Früh, wenn die Morgenröte lacht
Und wenn die Morgenglocke
Ihr Dingdang — dingdang — dingdang macht,
Geh' ich mit meinem Stocke
In meine Kammer hoch hinauf,
Leg' mich ins Bett und höre auf
Zu schreien:
>> Hat zwei Uhr g'schlag'n!
>> Hat zwei Uhr g'schlag'n!

Mährisch-Trübau.
1850.

Um 9 Uhr:

Alle . . .   . . . g'schlagen!
Lobet Gott und den heiligen Florian,
Welcher ist der ganzen Stadt ein Schutzpatron!

Um 10 Uhr:

Zehn sind die heiligen Gebot,
Die uns hat gegeben Gott.

Menschenwachen u. s. w. = S. 29.

Um 11 Uhr:

Eilftausend Jungfrauen, die größte Herd',
Der Himmel ist ja alles wert.

Um 12 Uhr:

Die Geisterstund' ist schon vorbei,
Glaubt nicht an solche Narretei!

Mauterndorf (Lungau).

Lost auf, ihr lia-be Leut',
der euch die gan-ze Nocht

wia heut' da Woch-ta schreit,
zu je-der Stund' be-wocht.

Lost

auf und loßt euch sog'n: da

Ham-mer hot schon zwölf ge-schlog'n.

Gott grüaß euch nun die = fel = be Stund', die er euch hot ver= gunnt, hot zwöl = fe g'schlog'n.

Gelobt sei Jesus Christus!

Der hier mitgeteilte Ruf heißt im Salzburgischen Lungau „der Lutherische Spruch". Diese Bezeichnung stammt daher, daß in ihm weder der Name Jesus noch der Name Maria vorkommt. Beim katholischen Berg= volke ist so ein Spruch religionslos, und religionslos und Lutherisch ist ihm eins.

St. Michael (Lungau).

Ihr Herr'n und frau = en, laßt's euch sag'n: der Ham = mer hat schon zwölf ge = schla = gen. Gebt's acht auf's

feu - er und auf's Liacht, daß euch der lia-

be Gott be - hüat! Hat zwöl - fi g'schlog'n!

Mistek.

?

Ein Lied oder Ruf ist nicht überliefert; doch soll ein Nachtwächter, der zugleich Totengräber war, die Stunden auf einem Totenbein, das er in eine Pfeife umgemodelt, geblasen haben . . . ein schauerlicher Ge- sell . . . ein passender Musikant für einen Albrecht Dürerschen Totentanz!

Münzkirchen.

Um 10 Uhr = St. Gilgen S. 173.

Um 11 Uhr:

Die glücklich' Stund', die schlagt herein,
Unser Herrgott wird uns gnädig sein.

Um 12 Uhr:

Wir loben Gott, den Herrn Jesu Christ,
Daß wieder a Nacht vergangen ist.

Um 1 und 2 Uhr:

Alle . .   . . . g'schlag'n.

Um 3 Uhr:

Hausmagd, steh' auf u. s. w. = Asparn S. 160.

Um 4 Uhr:

Hausmagd, steh' auf, heiz' ein, kehr' aus,
Trag' Wasser und Holz ins Haus!
Rig'l di',
Sonst kimmt d' Frau und prügelt di';
Wannst[1]) nit willst geprügelt sein,
Oft[2]) steh' auf und heiz' ein!

Ober-Mulleberu.

Alle . . .   . . . g'schlag'n.
Schaut's aufs Feuer und aufs Licht,
Daß ka'm Mensch a Schad'n g'schieht.
Is das Madel . . . Geist = Drosendorf S. 166.

---

[1]) Wannst = wenn du — [2]) oft = dann.

Um Mitternacht:

Alle . . .   . . . zwölfe g'schlag'n.
Es ist schon Mitternacht,
Als Uns're Liebe Frau das Kindlein gebracht.
Loben wir Gott und Uns're Liebe Frau . . .
Gelobt sei Jesus Christus!
Hat zwölfe g'schlag'n.

    Um 2 oder 3 Uhr = Asparn S. 160.

    Am Karsamstag um 3 Uhr:

Hausdirn, steh' auf, es ist schon Zeit,
Die Vögelein singen auf grüner Heid':
Zum Kneten, zum Backen,
Zum Flecken [1]) gut machen.

Ober-Wölbling.

?

    Um 9 und 3 Uhr = Asparn S. 160.

    Um 12 Uhr:

Alle . . .   . . . g'schlag'n.
Es is ja schon die Mitternacht,
J' wünsch', meine Herrn, an' glückfel'gen
                      Schlaf;

[1]) Flecken oder Osterflecken, ein flaches Brot (Fladen), das nur zu Ostern gebacken, in der Kirche gesegnet und an das Gesinde, sowie an die Kinder verteilt wird.

Denkt der armen Seelen fein,
Denn sie leiden große Pein!
Loben wir Gott und Uns're Liebe Frau u. s. w.

Paudorf.

Im wesentlichen um 9 Uhr = Asparn S. 160.

Um 2, bezw. 3 Uhr:

Steh't auf in Gottes Nam',
Der Tag, der nahet an!
Die Vögelein singen auf grüner Heid',
Sie künden uns den lieben Morgen an.
Der Fuhrmann u. s. w.

Neujahrswunsch (um 3 Uhr):

Ich wünsche euch ein freudenreiches Jahr
und wünsche euch, der liebe Gott wolle euch
diesen freudenreichen Tag noch oft und viele
Jahre mit Gesundheit, Freude, Zufriedenheit
und Wohlergehen erleben lassen, und wünsche,
der liebe Gott wolle euch nach diesem müh-
samen Leben die ewige Freude und Seligkeit
des Himmels erteilen. Um das bitten wir
Gott den Herrn und Uns're Liebe Frau . . .
hat dreie g'schlag'n!

Dina Franzl,
Nachtwächter von Wolfsegg (Oberösterreich). S. 214.

Den nämlichen Wunsch spricht der Nachtwächter mit passenden Abänderungen auch zu den Namenstagen des Ortsvorstehers oder der Gemeinderäte.

Der Gewährsmann, der 72jährige Franz Franzl, wohlbestallter (?) Nachtwächter, Gemeindediener und Hausknecht im Armenhause zu Pandorf (ca. 300 Seelen), kam, da er meinen Aufruf gelesen hatte, zu mir und sang mir seine Lieder mit einer gar kräftigen und wohllautenden Stimme und dramatisch belebtem Vortrage vor Meine verschiedenen Fragen, die Ausübung seines Amtes betreffend, beantwortete er ungefähr folgendermaßen:

„Jetzt . . . das Nachtwachterg'setz ist so, daß i' vom Jringtag (Georgi, 24. April) bis Allerheiligen (1. November) von 10—2 Uhr, von Allerheiligen bis wieder zum Jringtag von 9—3 Uhr nachtwachten muß. Und da muß i' allweil draußen sein, und wenn's Kroten that' hageln; denn mein Amt ist a wichtig's Amt, ist mir ja Hab und Gut anvertraut von allen Leuten im Dorf, und wie könnt' i's dann verantworten vor Gott und der Welt, wenn i' a Feuer that' verpassen? Auch der Standar (Gendarm) muß drauf schauen, daß i' draußen bin; aber wir sind zu einander wie Brüder, und wenn wir uns in der Nacht treffen, so geben wir uns d' Händ . . . Mein . . . muß halt er seine Pflicht thun und i' auch! Und singen thue i' zuerst den Neunespruch und nachher 's „Feuereinspirren" (Verwarnung des Feuers wegen), und um 2 oder 3 Uhr, da fing' i' den Tag an. Und i' fing' so laut, daß mi' die Leut' mehr

als eine Stunde weit hören und jedes Wörtl verstehen
. . . schon oft haben s' g'sagt: „Franzl," haben s'
g'sagt, „du hast a Brust, die muß ma' suchen!" Na . . .
und Hellebarden haben wir noch zwei von die alten
Nachtwachter; aber i' brauch' nix als mein' Stock, auf
daß i' im Dunkeln kann tasten, und daß i' in ka'
Gruben nit fall'. Mein . . . z'wegen den Dieben ist's nit
nötig, die laufen schon fort, wenn s' mi' platzen (schreien)
hören, und gar a hautschlechter Kerl, der an Revolver
im Sack hat, der hätt' mi' schon hundertmal tot-
g'schossen, bis i' mei' Hellebarden hätt' auf'pflanzt
. . . g'wiß a noch! Man muß halt auf den lieben
Gott a vertrauen! Und . . . kriegen (bekommen) thue
i' für mei' Amtl halt so a 40 fl. im Jahrl und 's
Quartier . . . mein . . . was kann man den verlangen . . . die Leutlen haben selber nix . . . sind
lauter blutarme Bauern!"

Wahrlich, der Franz Franzl ist auch noch ein
Ideal eines Nachtwächters aus der guten, alten Zeit!

Peilstein.

Um 10 Uhr = St. Gilgen S. 173.

Um 11—2 Uhr der gewöhnliche Stundenruf mit:

Wir loben Gott und Uns're Liebe Frau.

Um 3 Uhr:

Wach' auf, o Mensch, vom Sündenschlaf,
Ermunt're dich, verirrtes Schaf
Und bess're doch dein Leben!

Steh' auf, es ist schon Zeit,
Verschlaf' doch nicht die Ewigkeit!
Gelobt sei Jesus Christus und die unbefleckte
Empfängnis Mariä!

oder:

O Christenmensch, erfreue dich,
Die finst're Nacht verneiget sich,
Der Tag thut herankommen.
Stehet auf in Gottes Nam'
Und fanget eu're Arbeit an . . .
Gott gebe euch den Segen!
Wir loben Gott zu jeder Zeit,
Die heiligste Dreifaltigkeit!
Gelobt u. s. w.

Das Lob der unbefleckten Empfängnis Mariä stammt zweifelsohne aus neuerer Zeit (Dogmatisierung 8. Dezember 1854) und wurde wahrscheinlich im Auftrage des Pfarrers beigefügt. Die besondere Verehrung Marias in Oberösterreich wird durch den von Bischof Rudigier angeregten Bau des herrlichen, gotischen Domes in Linz zu Ehren der unbefleckten Empfängnis erwiesen.

St. Paul im Lavantthale.

Grüß Gott, ihr Herrn, und
laßt euch sag'n: der Ham - mer
hat schon zwöl - fe g'schlag'n.

Plan bei Marienbad.

1850.

Der gewöhnliche Stundenruf:

Alle . . . . .,

darauf Horngetute.

Seit diesem Jahre bis 1880 nur das Horn ohne
Ruf; gegenwärtig bleibt der Wächter im Kirchturme
und stößt beim Stundenschlage ins Horn.

Rastenfeld.

Nebst den in Asparn u. a. Orten gesungenen
Liedern noch folgende:

Wenn niemand ist mehr auf der Straßen,
So ist der Wachter auf der Gassen,

13 *

Er muß singen und muß schrei'n
Und ist immer ganz allein.
Er hat an' Hunger und an Durst
Und aßet gern Brot und Wurst
Und tranket gern Bier und Wein,
Daß er kann fest singen und schrei'n.

Wenn thut alles schlafen,
So thut der alte Mann noch wachen.
Er muß stehen
Und auch gehen
Und schauen, daß nichts g'schicht
Mit dem Feuer und dem Licht.

Wenn alles hört und alles schaut,
So muß ich sagen, was mir Gott hat an-
vertraut.
Alle meine Herrn, um was ich euch bitt',
Vergeßt's auf die armen Seelen im Fegfeuer
nit,
Und rufet an den heiligen Florian,
Daß er uns beschütz' vor Feuer und vor
Flamm',
Und rufet an die heilige Maria rein,
Daß sie mag unsere Beschützerin sein!

Denn wir müssen alle sterben . . . arm und
reich,
Wenn wir gestorben sind, sind wir alle gleich;
Wir müssen alle sterben . . . jung und alt,
Und dann liegen wir da ganz starr und kalt:
Wenn einer alles hat auf dieser Erd',
So nimmt er nichts mit, als die guten
Werk' . . .
Auf dieser Welt dauert's eine kurze Zeit,
In der andern eine Ewigkeit . . . Amen.

Dirndl, steh' auf, es ist schon Zeit . . .
Die Vögerln singen auf grüner Heid'.
Dirndl, steh' auf und rig'l (rühr) di',
Sonst kommt der Herr und prügelt di',
Sonst kommt die Frau mit'n Ochsenzên[1]) . . .
Wart, fauler Beank,[2]) kannst noch nit geh'n?!

Retz.

?

Um 9 Uhr wie in Drosendorf S. 165.

Um 3 Uhr mit der kleinen Abänderung:

Hausdirn', steh' auf, sei munter und wach,
Der Tag, der bricht die finst're Nacht,

---

[1]) Ochsenzên = Ochsenziemer. — [2]) Beank = plumpe Person.

Steht auf in Gottes Nam' . . .
Gelobt u. f. w.

Am heiligen Abend (24. Dezember) um 11 Uhr:

Alle meine Herrn . . .   . . . g'schlag'n!
Es ist heute die heilige Nacht,
Wo Maria hat vollbracht
Und hat geboren ein
Das liebe Jesulein.
Es ist ganz arm und klein
Und liegt in einem Grübelein (Krippelein);
Jetzt wollen wir es singen ein:
Schlaf' ein, schlaf' ein, mein Jesulein,
Schlaf ein in Gottes Namen!
Gelobt u. f. w.

Zum neuen Jahr um 3 Uhr:

Alle . . .   . . . g'schlag'n!
Zum neuen Jahr wünsch' ich euch heut'
Gesundheit, Glück und Seligkeit!
Entfern' von uns, o guter Gott,
Krankheit, Krieg und Hungersnot!
Beschütze ferner uns're Stadt
Und steh' uns bei mit deinem Rat

Und hilf uns stets aus aller Not
Und gieb uns unser täglich Brot!
Laßt dann, meine Herrn, den Wachter auch
                                    mitleben,
So wird euch Gott dafür den Himmel geben!

Röschitz.

Um 9 oder 10 Uhr:

> Alle . . .
> Die finst're Nacht geht herein,
> Gott woll' uns allen gnädig sein!
> Es ist vielleicht die letzte Nacht,
> Die wir auf Erden zugebracht.

Um 2 oder 3 Uhr:

> Alle . . .
> Der helle Tag, der zeiget sich,
> Großer Gott, wir loben dich,
> Wir lieben dich in Ewigkeit,
> Hochheilige Dreifaltigkeit.

Herr E. Sch. in R. bemerkt: „Früher waren in R. zwei Nachtwächter, jetzt nur mehr einer, und der macht es so kurz als möglich. Aus meinen Jugend-jahren kann ich mich erinnern, daß wir einen alten Nachtwächter hatten, welcher bei seinen Nachtrufen jede Gelegenheit benützte, bei Hochzeiten, Taufen oder Leichen, vor dem betreffenden Hause seine Trauer- oder Freudenlieder zu singen. Leider hat selber, des Schreibens unkundig, nichts von all dem hinterlassen."

Rudmans.

Um 10 Uhr:

> Ihr lieben Herrn, laßt . . .
> Zehn Gebote hat der Herr eingesetzt,
> Gott hilf, daß niemand eins verletzt.

Um 11 Uhr:

> Elf Jünger blieben Jesu treu,
> Nur einer der Verräter sei.

Um 1 Uhr:

> Eins und eins ist unser Gott,
> Behüt' uns vor dem schnellen Tod!

Um 2 und 3 Uhr wie in Berneck u. a. O.

Diese besonders in Süd- und Mitteldeutschland verbreiteten Rufe sind in Österreich sehr selten.

Salzburg (Stadt).

Im 33. Bande der „Mitteilungen der Gesellschaft für Salzburger Landeskunde" findet sich folgende für die Geschichte des Nachtwächterrufes interessante „Miscelle":

Der Nachtwächterruf wird bald überall zu den romantischen Erinnerungen gehören, und die jüngere Generation hat ihn kaum je vernommen. Nur hie und da ist er in kleinen Städtchen oder Märkten noch in Übung, wird aber auch dort bald verstummen.

Trotzdem ist der verbreitetste und daher bekannteste Ruf — in Salzburg wenigstens — nicht so gar alt, als man vielleicht anzunehmen geneigt ist. Dies beweist das im Original enthaltene seinem vollen Wortlaute nach hier folgende f. e. Decretum proprium:

„Unserem HoffRhat würdet hiemit gnedigist anbeuolchen, bei allen Stätt vnd Märckhten Vnsers Erzstüffts Salzburg per generalia die gemessene Verordnung zuthuen, daß aller orthen die Nachtwächter, so die Vhr außzurueffen pflegen, zwar bey ihrer außzu schreyen hergebrachten manier Verbleiben mögen, iedoch aber deme zulezt nachfolgende worth anhengen sollen: „So loben wür Gott den Herrn" 2c.

Hieran beschicht Vnser gnedigister Will vnd mainung.

Actum Salzburg den 2. Marty Anno 1669.

Max Gandolph." [1]

Erst zwei Jahre später erfolgte eine weitere ähnliche Entschließung desselben fürsten-Erzbischofes, welche in einem Generalbefehle des hfstl. Hofrates „an alle ihm nachgesetzte Obrigkhaiten" Ausdruck findet, wie folgt:

---

[1] Gf. Khuenburg.

„Demnach Jhre hochfürstliche Gnaden Vnser gnedigister Fürst Vnd Herr ꝛc. ꝛc. gnedigist Ver-ordnet, daß aller orthen in dero Erzstüfft die Nacht-wächter, so die Vhr ausrueffen, ienen bereits sub 8. Marty 1669[1]) anbefolhenen Zueworthen: „So loben Wür Gott den Herrn" ꝛc. ꝛc., auch diese: „Vnd Vnser liebe Frau" ꝛc. ꝛc. anhengen sollen, als werdet ihr zu Erfüllung solch gnedigister intention die in eurem Amtsdistrict aufgestelte Nachtwächter alles ernsts darob zu halten, vnd den Vollzug herwider zu berichten wüssen; an deme beschicht Dero gnedigister Will vnd meinung.

Salzburg den 24. Nov(ember) 1671."[2])

Der Nachtwächterruf: „So loben wir Gott den Herrn und Unsere Liebe Frau" ist also bei uns erst 1669 resp. 1671 in Gebrauch gekommen.

Friedrich Pirckmayer.

Schlins.

1860.

Beim „Auftritt" zur Wache:

Jetzt geh' ich auf die Abendwacht,
Den Tag haben wir Gott zu Ehren schon
vollbracht.

---

[1]) Datum des in Vollziehung obigen fstl. Decrets vom 2 März erflossenen Hofraths-Generalbefehles.

[2]) Quelle: Hofrath-Catenichl 1669—71, fol. 16 und 208.

Nun loset[1]) auf, loset auf, was ich euch will
sage':
Der Hammer hat an der Glocke neun Uhr
g'schlage'.
Löschet aus, löschet aus Für[2]) und Licht,
Daß euch Gott und Maria behüt'!

Beim „Abtritt" von der Wache:

Loset auf . . . .
. . . . vier Uhr g'schlage'.
Jetzt geh' ich ab der Abendwacht,
Gott hat euch beschützet in der Nacht.
Stehet auf, stehet auf im Namen Jesu Christ,
Weil der helle Tag vorhanden ist!

Spitz a. D.
1850.

Alle meine Herrn und Frauen, loßt enk
sog'n:
Der Hammer und der hot (neuni u. s. w.)
g'schlog'n.

---

[1]) Loset = horchet. — [2]) Für = Feuer. — Wir sind auf ale=
mannischem Sprachgebiete.

Rueft an in (den) heiligen Florian,
Daß er uns beschütz' vor Feu'r und Flamm'!
Gebt's ocht aufs Feu'r und aufs Liecht,
Doß kan Unglick geschiecht!
Hot neuni g'schlog'n.
G'lobt sei Jesus Christus!

Stein a. D.

?

= Spitz a. D. S. 203.

Der Gewährsmann weiß zu erzählen, der Turmwächter auf dem „Frauenberge“ habe jede Viertelstunde in der Nacht gerufen:

Wart', wart', ich sieh' dich schon!

Dadurch seien nicht nur des öftern Diebe und ähn-
liches Gelichter verscheucht, sondern einmal sogar ein
Mann vom Selbstmorde abgeschreckt worden. Der Un-
glückliche hatte sich bereits auf das Geländer der einsamen Holzbrücke zwischen Stein und Mautern (1894
durch eine moderne Eisenbrücke ersetzt) geschwungen,
um sich in die Donau zu stürzen, da ertönte wie aus
den Wolken der warnende Ruf und der Mann stieg
wieder vom Geländer herunter.

Nach dem Berichte eines alten Steiner Bürgers
soll ein Nachtwächter die Gewohnheit gehabt haben,
die nach Mitternacht aus dem Gasthause kommenden

„schwankenden Gestalten" kurzweg mit den Worten: „Es Säumog'nl", d. h. „Ihr Schweinehunde!" zu begrüßen.

Über den moralischen Erfolg dieser drastischen Begrüßungsart konnte ich leider nichts erfahren. Er ist wohl sehr gering anzuschlagen; denn der Nachtwächter ist verschwunden, die „Säumog'n" aber sind geblieben.

Steinakirchen.

Um 9 Uhr:

Ihr Herrn und Frauen, laßt euch sag'n:
Die neunte Stunde hat geschlag'n.
Wir loben Gott in Ewigkeit
Und bitten ihn durch den heiligen Florian
       zu jeder Zeit,
Daß er beschütz' vor Feuerswut
Städte, Märkte und Bauerngut.

oder:

Gebt's acht aufs Feuer und aufs Licht,
Daß die heutige Nacht kein Unglück g'schicht,
Bewahret wohl den Aschen rein,
So wird der heilige Florian ein Fürbitter sein.

Um 10 Uhr:

Werfet nicht am nächsten Eck
Ein brennendes Zündhölzchen weg,

Es glühet zwar kleinwinzig klein
Und äschert doch Häuser ein.

oder:

Ihr Lehrjung' und ihr jungen Herrn,
Ich weiß, ihr raucht Cigarren gern,
Werfet nicht am nächsten Eck
Ein kleines, glühendes Stückchen weg;
Es glüht wohl an, wird eine Flamm',
Man frägt, woher das Feuer kam.

Um 11 Uhr:

Wer in der Nacht ein Feuer legt
Und meint, es bleibe unentdeckt,
Der denkt nur an der Welt Gericht,
Jedoch an Gottes Auge nicht.

oder:

Ihr Knechte und ihr Mägde all,
Geht nicht mit off'nem Licht in Stall,
Folgt dem Auftrag' eures Herrn,
Nehmet fleißig die Latern!

Um 12 Uhr:

Jede Stunde denk', o Christ,
Daß sie schnell verronnen ist!
So fließet uns're Lebenszeit,
Und darauf folgt die Ewigkeit.

oder:

Gewiß der Tod, ungewiß der Tag,
Die Stunde niemand wissen mag;
Seid's also gut und fromm dabei,
Denkt's, daß einst die letzte Stunde sei!

Um 1 Uhr:

Wenn ich des Nachts in die Höhe schau',
Viel Sternlein seh' ich an der Himmelsau,
Doch keines ist dem andern gleich,
Des Mondes Glanz auch kein's erreicht.

Um 2 Uhr:

Hausdirn u. s. w. == Asparn u. a.

Zur Sonnenwende:

Nun ändert sich das hohe Jahr,
Die Sonne thut sich wenden,
O nimm der letzten Stunde wahr,
Du trägst dein Los in Händen!

Zur heiligen Weihnachtszeit:

Wir loben Gott in Ewigkeit,
Vom Turm die Glocke hell erschallt,
Sie kündet uns die heilige Nacht,
Die uns das Heil der Welt gebracht.

Zum neuen Jahre:

Ihr Herrn und Frauen, laßt euch sag'n:
Die zwölfte Stunde hat geschlag'n,
Es ist die letzte Stund' im alten Jahr,
Drum wünsch' ich dem Herrn und der Frau
Viel Glück zum neuen Jahr.
Es glänzt so schön die Sternenpracht,
Ich wünsch' euch allen eine gute Nacht!

Trins im Gschnitzerthale.

Von 9—3 Uhr im wesentlichen = 9 Uhr in Asparn.

Der Gewährsmann berichtet:

„In Trins ist es Sitte, daß die Dorfbewohner selbst den Nachtwächterdienst versehen. Da geht die Hellebarde von Haus zu Haus, z. B. heute Nr. 37, morgen Nr. 38 u. s. w. Als ich einmal zur Sommerfrische in Trins weilte, traf es unsere Nummer. Da es eine mondhelle Augustnacht war, ging ich mit, und wir hängten bei uns bekannten Häusern selbstgemachte Trutzlieder an, hatten auch Gelegenheit, ein „Fensterln" zu belauschen und bekamen nach gegenseitigem freundschaftlichem Erkennen einen Schnaps. Mir ist dieser Nachtwächterdienst stets eine liebe, heitere Erinnerung."

Tschars.

Im Namen des Herren Jesu Christ,
As (?) die ganze Nacht vorhanden ist;
Auf Feuer und Licht gebt fleißig acht,
Und ich wünsche euch allen a gute Nacht.
Gelobt sei Jesu Christ!
Zwölf Uhr ist!

Vorau.[1]

Um 11 Uhr:

Alle Herrn und Frauen, laßt's euch sag'n:
Der Hammer, der hat elf Uhr g'schlag'n.
Gebt acht aufs Feuer und auf das Liacht,
Daß kein Funk'n außi fliagt!
Er zünd't Markt und Städte an,
All's geht auf in Flamm'.
B'hüat uns Gott und Uns're Liebe Frau!
's hat elf Uhr g'schlag'n!

---

[1] Mitgeteilt von K. Liebleitner, Chormeister des deutschen Volks-gesangvereins in Wien.

Um 12 Uhr:

„Mit = ter = nacht ift!" ruft die Uhr,
Schwei=gend ruht all' Kre = a = tur.

Gott, der Hü = ter in der Nacht,

giebt auf uns doch flei = ßig acht;

läßt den Mond am Him = mel ftehn,

läßt die Wol=ken drü = ber gehn, und

auch die lie = ben Ster=ne=lein guk=k'n

in die Welt her = ein. 's hat zwölf Uhr

g'schlag'n, 's hat zwölf Uhr g'schlag'n.

oder:

Auf unserm Turm jetzt zwölf Uhr ist,
Gelobt sei stets Herr Jesu Christ!
Jetzt alles schweigt, doch preist dich noch
Der Engel Chor im Himmel. hoch.
Schicke Trost betrübten Herzen,
Lind're auch der Kranken Schmerzen,
Und ein Engel bring' uns Ruh',
Drück' das müde Auge zu.
's hat zwölf Uhr g'schlag'n!

Um 1 Uhr:

Ein Uhr ist's, nur eins thut not:
Über alles liebe Gott u. s. w. = S. 47.

oder:

O ihr Jungfrau'n, laßt euch sag'n:
Wann man euch sollt' einmal frag'n,
Ob ihr noch Jungfrauen seid,
So sagt's dann: Ja, es thut uns leid,
's hat gar oft was g'schlag'n!

Um 3 Uhr:

Alle meine Herrn Jungg'sell'n,
Laßt euch sag'n:
Weil ihr müßt diesen Namen trag'n,

14 *

Seid's nur still und denkts dabei,
Daß es nur· der Name sei.
Hat drei Uhr g'schlag'n!
oder:

O ihr Eh'männer, laßt euch sag'n:
Weiberherrschaft lernt ertrag'n!
Euern alten Adamsstolz
Beuget das Pantoffelholz.
's hat nit viel g'schlag'n!
oder:

O ihr alten Weiber, laßt euch sag'n:
Bei euch wird's halt nimmer schlag'n.
Seid nur still und gebt's ein' Fried,
Euch mag selbst der Teuxel nit.
's wird halt nimmer schlag'n!
oder:

Drei Uhr ist's, gottlob, vorbei,
Gottes Güte wird jetzt neu;
Segnend hebt er seine Hand
Über Leut' und Land.
Schon fängt an der Tag zu grau'n,
Bald werd't ihr die Sonne schau'n.
Steht drum auf in Jesu Christ,
Der für uns geboren ist.
's hat drei Uhr g'schlag'n!

Diese Lieder sang nach dem Gewährsmann der Nachtwächter Joseph Pachner, ein siebenundsiebzigjähriger Mann, der sein Amt seit 1848 bekleidete, noch im Jahre 1892.

Weisberg.

Alle . . .

Gebt acht aufs Feuer, gebt acht aufs Licht,
Denkt nicht „ein Funken schadet nicht!"
Ein Funken, sei er noch so klein,
Er äschert ganze Dörfer ein.

Windisch-Graz.

1876.

Im wesentlichen = Asparn S. 160.

mit folgenden Abweichungen:

Um 9 Uhr:

. . . nach „heiliger Geist":
Macht aus diesen Worten nur keinen Spott,
Dann segnet euch der liebe Gott.

Um 3 Uhr:

Ihr Herrnleut, seid munter und wach,
Der hellichte Tag vertreibt die finstere Nacht!
Ihr Dienstboten, steht auf u. s. w.

Wolfsegg.

Um 9 Uhr = Ober-Mallebern S. 188:

Alle . . . geschieht.

Von 10—2 oder 3 Uhr nur der gewöhnliche Stundenruf; um 3 oder 4 Uhr Weckruf der Hausmagd = Asparn S. 160.

Während der Fastenzeit singt der Wächter

„Die geistliche Wacht."

Um 9 Uhr:

Neune! Alleine
Die Keuschheit behüte
Und nicht gleich der Venus
Nur Laster ausbrüte!
Jesus wird gefangen
Mit Spießen und Stangen,
Drum meide die Sünd',
Mein Kind!

Um 10 Uhr:

Schon zehn Uhr geschlagen.
Der Wächter thut sprechen:
Betrachte, Pilatus
Das Stäblein thut brechen,

Thut Jesum verdammen,
Der vom Höchsten thut stammen,
Zum schmählichsten Tod . . .
O Gott!

Um 11 Uhr:

Um elf Uhr betrachtet,
Daß Jesus dermaßen
Von Juden gegeißelt
Auf offener Straßen
Mit Ketten und Geißel,
Das schuldlose Waisel,
Die Ursach' allein
Wir sein.

Um 12 Uhr:

Ach, Christen, betrachtet,
Gott wird gar gekrönet
Mit Dornen und gleich
Einem Narren verhöhnet.
Nimm dieses zu Herzen,
Was Gott doch für Schmerzen
Wegen unserer Sünd'
Empfind't!

Um 1 Uhr:

Das Urtel wird g'sprochen,
Es hilft gar kein Klagen,
Mein Jesus muß 's schwere
Kreuz hinauftragen,
Wo er muß drauf sterben,
Kein' Gnad' kann erwerben,
Nimm dieses zu Herz,
Was Schmerz!

Um 2 Uhr:

Am Stamme des Kreuzes
Thut Jesus schon hangen,
Der niemals ein Übel
Noch Sünde begangen;
Nur unsere Sünden
Thun ihn also binden,
Die Ursach' allein
Wir sein.

Um 3 Uhr:

Seht, Jesus thut jetzund
Das Zeitliche enden,
Sein' Seele dem himmli-
schen Vater zusenden,

Hat des Teufels Ketten
Schon völlig zertreten;
Nun ist es vollbracht,
Betracht'!

Um 4 Uhr:

Nun, Mensch, thu' aufstehen,
Die Zeit ist vorhanden!
Betrachte, was Jesus
Für uns ausgestanden!
In Gott'snam' aufwache,
Das heilig' Kreuz mache,
Betracht' Christi Pein
Allein!

In Wolfsegg geht noch der Nachtwächter in langem Mantel und Kapuze, in der Hand eine alte Hellebarde, allnächtlich von Straße zu Straße. (Siehe das Bild S. 191.) In der heiligen Fastenzeit wurde von alters her das Passionslied „Die geistliche Wacht" gesungen, und auch heute noch hört man dieses alte Lied.

Zell am Ziller.

Um 10 Uhr:

Lie = be Brü = der, gu = te Nacht! Eu = er Tag = werk ist voll= bracht. Nehmt das Feu = er wohl in acht ———————————— Gu = te Nacht! Hat zehn Uhr g'schlag'n!

Um 11 Uhr:

Liebe Brüder, süße Ruh',
Schließt getrost die Augen zu!
Habt Ihr fromm an Gott gedacht,
Gottes Vaterauge wacht.

Um 12 Uhr:

Kummer oder Krankheit wacht
Oft auch noch um Mitternacht;
Vertraut auf Gott mit festem Mut,
Guter Gott macht alles gut.

Um 1 Uhr:

Liebe Brüder, schlaft nur fort,
Unglück ist an keinem Ort;
Gottes Vaterliebe sorgt,
Für uns Kinder immerfort.

oder:

Liebe Brüder, drückt euch Leid,
Seid betrübt ihr jede Zeit,
Ruft die heil'ge Jungfrau an,
Ihre Fürbitt' alles kann.

Um 2 Uhr:

Liebe Brüder, grüß' euch heut',
Seid getrost zu jeder Zeit,
Liebet Gott mit Herz und Sinn,
Guter Gott hilft immerhin.

Um 3 Uhr:

Liebe Brüder, nun erwacht,
Der Morgenstern am Himmel lacht,

Danket Gott für diese Nacht,
Der so liebvoll euch bewacht!

Zur Abwechslung wird auch das in Süddeutschland weit verbreitete Lied „Zehn Gebote schärft Gott ein" gesungen.

Schweiz.

Mayenfeld (Graubünden).

1890.

1. Beim Antritt der Wacht.

J tritt-te-n-uf d'D-bed-wacht!

Gott geb' uns al-le-n-ei

gue-te Nacht! Und lö-schend wohl

für und Liecht, daß uns der

lie-be Gott wohl be-hüet.

2. Der gewöhnliche Stundenruf.

Lo = send auf, was i will sa = ge:

Es hat (nü = ni) g'schla=gel (Nü = ni!)

3. Der letzte Ruf. (Tagwacht).

Stuhnd uf im Na=me Je = su Christ! Der

hel = le Tag bald kom = me wird; der

hel = le Tag, der nie aus = lag; Gott

geb' uns al = len ei gue = te Tag!

4. Der Neujahrswunsch.

J wün = sche-n-eu al = le,

Ri-che-n-und Ar = me, Jun-ge-n-und

Al = te, frem = de-n-und Heim = sche,

au de = ne, wo in der frön = di sind,

ei freud = ri = ches, gsun = des, gseg = ne = tes

Neu = jahr! Und was i eu wün = sche, das

bitt' i Gott, den All = mäch = ti = gen,

er wol = le es aus Gna = de ma = che wahr!

Der Gewährsmann schreibt u. a.: „Mit Vergnügen steure ich Ihnen bei, was mir aus angenehmen Jugenderinnerungen zur Verfügung steht. Mein Vater war selber Nachtwächter, und ich begleitete ihn oft auf seinen nächtlichen Wanderungen, namentlich zur Winterszeit, wenn er sich heiser gesungen hatte. Dann kam die Ehre des Wächterdienstes und Rufens zuerst an meinen älteren Bruder, und, wenn dieser auch heiser war, an mich, den Schulknaben. Herr Gott, das galt nicht wenig! Die vorstehenden Wächterrufe sang auch schon der Kleinste auf des Vaters Knieen. — Nun ist auch des Wächters Lied in meinem Geburtsorte verstummt; der Wächter ist zur Maschine geworden, und . . . die Kontrolluhr ist der Regulator!"

Sachseln (Obwalden).

Antritt:

„Haid Sorg zu Für und Liecht,
Daß ych Gott und Maria bihüat!
Jetzt gang i' uf die Wacht,
Gott schenk' eu' alle-n- ei' gueti Nacht!"

Sonst die gewöhnlichen Rufe:

Losend u. s. w. = Mayenfeld.

Thusis (Graubünden).

?

Hört, ihr Chris-ten, und laßt euch sa-gen:

uns - re Glock' hat zehn ge = schla = gen.

Zehn Ge = bot schärft Gott uns ein;

gib, daß wir ge - hor - sam sein.

Die übrigen Strophen = Berneck S. 34.

In der Schweiz sind diese Rufe unter dem Namen „Thusner-Rufe" bekannt und werden oder wurden vielfach gesungen. Sie finden sich auch im „Schweizerischen Schulgesangbuche" mit dem Refrain:

Menschenwachen u. s. w. = S. 42 u. a.

III.

Heiteres aus dem Leben und Singen der Nachtwächter.

1.

Nachtwächterlied,

wie es vor fünfzig Jahren in der kleinen Landstadt
O... gesungen worden.

Hört's, ihr Herrn, und laßt's euch sag'n:
Der Hammer, der hat neune g'schlag'n.
Kein braver Mann bleibt länger aus,
Denn Frau und Kinder warten z' Haus.
Ein kleines Nachtmahl, dann ins Nest;
Fruh bei der Arbeit, ist das Best'.
      Hat neune g'schlag'n!

Hört's, ihr Herrn, und laßt's euch sag'n:
Der Hammer, der hat zehne g'schlag'n.
Mit gute' Freund und g'scheite' Herrn
Verplaudert man sich gar so gern;
Nur manchmal schweigt das Weib dazu.
Jetzt marsch nach Haus und gebt's ein Ruh'!
      Hat zehne g'schlag'n!

Hört's, ihr Herrn, und laßt's euch sag'n:
Der Hammer, der hat elfe g'schlag'n.
Jetzt steigt der Wein schon ins Gehirn,
Man hört nur schrei'n und disputier'n;
Nun gleich nach Haus im Hundetrab,
Dort setzt's ein' Brummelsuppen ab!
   Hat elfe g'schlag'n!

Hört's, ihr Herrn, und laßt's euch sag'n:
Der Hammer, der hat zwölfe g'schlag'n.
Ist das zum z' Hausgeh'n wohl ein' Stund'?
Wo bist du g'west, du Lumpenhund?
Versaufst das Geld, als hätt'st du's g'stohl'n?!
Ich laff' dich mit der Wacht noch hol'n!
   Hat zwölfe g'schlag'n!

Hört's, ihr Herrn, und laßt's euch sag'n:
Der Hammer, der hat ein Uhr g'schlag'n.
Der eine singt, der and're schlaft,
Die andern trinken Bruderschaft.
Ihr Lumpen, geht und macht zu Haus
Aus ein Paar Watschen euch nichts draus!
   Hat ein Uhr g'schlag'n!

Hört's, ihr Herrn, und laßt's euch sag'n:
Der Hammer, der hat zwei Uhr g'schlag'n.

Die Rechten sitzen itzt beinand',
Sie halten 's Lumpen für kein' Schand.
Ein Lump bin ich, bist du, ist er,
Drum bringt's noch mehr zum Trinken her!
Hat zwei Uhr g'schlag'n!

Hört's, ihr Herrn, und laßt's euch sag'n:
Der Hammer, der hat drei Uhr g'schlag'n.
Die Frau, die schließt das Zimmer zu,
Der Mann, der pflegt im Stall der Kuh'.
Schlaf zu! Wer schwelgt in später Stund',
Der kommt noch sicher auf den Hund!
Hat drei Uhr g'schlag'n!

(Aus: „Steirische Volkssagen oder von der Mur",
Ludewigs Verlag in Grätz, Leipzig — P. Baum-
gärtner).

2.
Wächterlied aus Schwaben,
mitgeteilt von Professor Dr. O. H. Jäger.

Hört, ihr Leute, laßt euch sagen:
Nun hat es auch zwölfe g'schlagen.
Der Apostel waren's zwölf,
Peter, Paul, mir Armen helf'!
Hoch im Turme, horch' die Glocke,
Ob sie wen vom Kneipsitz locke,

Und die Eule faucht im Loch:
„Hör' ich immer 's Wirtshaus noch?"

Millionenfach Gewimmel
Geh'n die Sterne still am Himmel;
Sternschnupp', Mondes Schiefgesicht
Keine Seele dort ansicht!
Horch', zum Blitz auch Donnerrollen,
Noch im Grab die Toten grollen,
Alles horcht, wenn jenes Haus
Seine „Deutschen" schmeißt hinaus.

3.
Ein satirisches Nachtwächterlied.

Hört, ihr Herrn . . .
Der Handel in unserer lieben Stadt
Gewaltig abgenommen hat.
Selbst unsere Mädchen, weiß und braun,
Sucht man nicht mehr zu Ehefrau'n.
Die Ware putzt sich, wie sie kann,
Und bringt sich doch nicht an den Mann.

Ihr, die ihr seufzt in Schuldennot
Und ohne Witz zum Bankerott,
Sieht, daß der Herr in dieser Nacht
Euch zum Finanzminister macht,

Der ohne Sinanzen läßt das Land,
Weil er sie behält in seiner Hand.

Der Sederbusch auf leerem Kopf,
Im Nacken einen steifen Zopf,
Den Bauch zurück, die Brust heraus,
Das macht des Heeres Stärke aus.
Man wird bei Tanz und Geigenschall,
Bei Kuß und Spielen Seldmarschall.

4.

Die Marktbäbel von Würzburg, eine viel-
erfahrene Cratschen, kennt folgendes, den „Nachträten"
gewidmetes Lied:

Meine Herren, jetzt laßt euch sagen:
Eben hat's zehn Uhr geschlagen,
Da beginnt bei uns die Nacht,
Denn der Nachtrat zieht auf d' Wacht,
Der giebt brav auf d' Mädel acht,
Weil er ihren Schützer macht.

Meine Herren, jetzt laßt euch sagen:
Eben hat's elf Uhr geschlagen,
Drum befolgt das elft' Gebot;
Doch schlagt ihr einander tot,

Ist kein Nachtrat weit und breit
Sichtbar in der Dunkelheit.

Meine Herren, jetzt laßt euch sagen:
Eben hat's zwölf Uhr geschlagen,
Zwölfe ist die Geisterstund',
Zwölf Maß Bier sind grad gesund,
Trinkst du mehr, hast du die Wahl,
Dreizehn ist die Unglückszahl.

Meine Herren, jetzt laßt euch sagen:
Eben hat's ein Uhr geschlagen,
Freunde trinkt noch immer eins,
Bei den Alten war das keins,
Tranken an dem gleichen Ort
Immer bis zum Morgen fort.

Meine Herren, jetzt laßt euch sagen:
Eben hat's zwei Uhr geschlagen,
Zweimal kam der Nachtrat schon,
Hast du Durst, mein lieber Sohn,
Ei, so trinke oder sauf',
Das ist auch mein Lebenslauf.

Meine Herren, jetzt laßt euch sagen:
Eben hat's drei Uhr geschlagen,

Alle guten Ding' sind drei,
Doch da kommt die Polizei,
Und sie spricht: Das Maß ist voll,
Marsch mit uns zum Protokoll!

Meine Herren, jetzt laßt euch sagen:
Eben hat's vier Uhr geschlagen,
Vier Uhr — bricht der Tag herein,
Denn die Nachträt' ziehen heim,
Und im gleichen Schritt und Tritt
Ziehen fünf Studenten mit.

Meine Herren, jetzt laßt euch sagen:
Eben hat's fünf Uhr geschlagen,
Sünfe hocken in dem Loch,
Doch da wird man nüchtern noch,
Schläft den Dampf aus bis um neun,
Geht dann ins Kolleg . . . nicht 'nein.

(Neue bayerische Landeszeitung
4. September 1896.)

5.

In Feldkirch (Vorarlberg) versah in den sechziger Jahren ein Nachtwächter mit einem Höcker sein Amt. Als er einst rief:

„Löschet aus Seuer und Licht,"

schrie ihm ein boshafter Studio zu:

„Daß man den buckelten Wächter nit sieht!"

Und löschte die Lampe aus.

6.

In Bürs (Vorarlberg) sang einst der Wächter um drei Uhr:

> Stehet auf, es ist schon Zeit,
> Die Vögel singen auf grüner Heid',
> Der Hahn kräht auf'm Mist . . .
> Gelobt sei Jesus Christ!

7.

Ein Nachtwächter von Hof in Bayern sang, wenn er gut gelaunt war, manchmal:

Hört, ihr Herrn, und laßt euch sog'n:
Ich hab' mei Hemd heut naß an'zog'n;
Drum laßt es euch zur Warnung sein:
Wer nur eins hat, der weich's nicht ein!

8.

Ein Scherzlied aus Steiermark.

Ihr Herr'n und Frau'n, laßt euch sag'n:
Der Nachbar hat sein Weib beim Krag'n;
Schaut's aufs Feuer und aufs Liacht,
Daß er's nit gar derwürgt!

9.

Ein bekneipter Wächter von Waiblingen war nicht mehr imstande, die Schläge des Hammers nach-zuzählen. Er sang deshalb:

D' Glocke hat wieder eppes g'schlage . . .
J' weiß jetzt nit, wie viel das ischt.
Stond halt uf, wenn's Tag worde ischt!
Wohl um die so und so viel!
Wohl um die so und so viel!

10.

Wenn der Meßner von Binsdorf (Württem-berg) zu faul war, die Turmuhr aufzuziehen, und die Uhr stehen blieb, sang der Wächter in stiller Mitter-nacht mit dröhnender Stimme:

Hört, ihr Herrn, und laßt euch sagen:
Uns're Uhr hat gar nichts g'schlagen!
Der Mesner geht nit 'nauf,
Die Uhr geht nit 'ra' . . .
Gelobt sei Jesus und Maria!

11.

Auch die Turmuhr von Dingsda war einmal nicht aufgezogen. Da sang der wackere schwäbische Wächter:

Hört, ihr Leut', und laßt euch sage:
Unser Glock' hat gor nix g'schlage!

's woiß koi Sau, wie d' Zeit daß ischt,
Standet uf, wenn's Tag ischt!

12.

Scherzlied

des Nachtwächters von Obernbreit (Bayern).

Hört, ihr Herrn, und laßt euch sagen:
Die Kinder haben 'm Lehrer sein' Hund
erschlagen!
Drum mahn' ich euch zu dieser Stund',
Kauft dem Herrn Lehrer 'n andern Hund,
An' Pudel, an' Pudel!

13.

Als in Kaiserslautern eine Stammgesellschaft
trotz der späten Nachtstunde nicht heimgehen wollte,
drehte der erboste Wächter den Gashahn zu, also daß
die Gäste im Finstern sich nach Hause trollen mußten,
und sang:

Hört, ihr Herrn, und laßt euch sagen:
Der Hammer hat schon zwölf Uhr g'schlagen.
Geht heim und leget euch zur Ruh' . . .
Der Wächter dreht den Hahnen zu!

14.

In einem Orte Steiermarks sang der „Nacht-
wächterstellvertreter":

Alle meine lieben Herrn und Frauen, laßt's
enk sag'n:
Der Hammer, der hat zwölf Uhr g'schlag'n;
Der eigene Wachter ist nicht zu Haus,
Er sticht beim Bräuer die Göbel (Kraut-
köpfe) aus.

15.

In einem anderen Orte Steiermarks pflegte der
Wächter, wenn die Bürger in vorgerückter Nachtstunde
heimgingen, zu rufen:

Es kommen schon zu Haus die großen Herrn,
Die Frauen haben schon das Bett ang'wärmt!

16.

Ein Nachtwächter wurde einst gefragt, weshalb er
seinen Ruf immer nur an die „Herren" richte.

„Weil sich die Frauen überhaupt nichts sagen
lassen!" war die treffende Antwort.

17.

Als die Depesche vom Siege bei Sedan (1870)
eintraf, sang der Nachtwächter Koch von Thieringen
(Württemberg):

Loſet, was ich euch will ſaga:
Der Sranzos iſcht in U.. 'nei' g'ſchlaga!
Wohl über die Elfe!

18.

Der Nachtwächter Strobl von Waldreichs in
Niederöſterreich brauchte einen Mantel, die Gemeinde-
väter wollten jedoch aus unzeitiger Sparſamkeit nichts
davon wiſſen. Da erbot ſich ein Freund, dem der
Wächter ſeine Not geklagt hatte, für ihn die Runde
zu machen und ihm hierbei zu dem wichtigen Kleidungs-
ſtücke zu verhelfen.

Der Witzbold ſang im Dorfe herum:

Alle meine Herrn, laßt enk ſag'n:
Der Strobl möcht an' neuen Gebernek
                    (Mantel) hab'n!
Nadel und Zwirn
That' er ſpendier'n,
Wenn er that' an' neuen Gebernek
                    krieg'n.

Auf das hin bekam Strobl ſeinen Mantel.

19.

Ein Nachtwächter ärgerte ſich darob, daß er um
3 Uhr ſingen ſollte:

Der Tag vertreibt die finſtere Nacht.

Er sang anstatt dessen:

Es ist zwar noch ganz finstere Nacht,
Allein . . . ich hab' genug gewacht.

Als ihn der Bürgermeister deshalb hart anließ,
warum er die Stadt mit solchen Neuerungen zum
besten habe, meinte er: „Hat man denn die Sadt zum
besten, wenn man ihr die Wahrheit geiget?" Ob
solch frecher Rede wurde er . . . eingesperrt! — Es soll
anderen Wahrheitgeigern auch nicht anders ergehen!

(Weber, Demokritos.)

20.
Der alte Reichstagsbrummer.

Eine alte Nürnberger Chronik meldet von einem
eigentümlichen Gebrauche, der sich in damaliger Zeit
als sehr nützlich erwies und von dem praktischen Sinne
unserer Vorfahren und dem richtigen Verständnisse ihrer
Obliegenheiten ein schönes Zeugnis ablegt. Als nämlich Kaiser Friedrich IV. zum Reichstage nach Nürn-
berg kam, ließ er daselbst auf dem hohen runden Curme
der feste, Luginsland genannt, ein großes zinnernes
Horn errichten, das mit einem großen Blasebalge versehen wurde, also daß es mit fürchterlichem Gebrülle
über die Stadt hinbrummte. Mit diesem Horne mußten
die Wächter bei Tag und Nacht mittels des Blase-
balges, solange der Reichstag dauerte, die Stunden
ausblasen, auf daß die Herren Reichstagsmänner er-

innert würden, die koſtbare Zeit nicht unnütz zu ver-
geuden.

So ein Brummhorn wäre auch jetzt noch bei
manchem Reichstags- und Landtagsplauderer von großem Nutzen, auf daß ſie daran dächten, das ſauere
Geld des Volkes, ihre Taggelder, nicht für leeres
Wortgezänke einzuſtreichen und die koſtbare Zeit nicht
ihrer Eitelkeit und Beifallshaſcherei zum Opfer zu
bringen.

21.

Der Wächter Stummel in Öhringen (Württemberg), der vom Ende der fünfziger bis zum An-
fange der ſiebziger Jahre den Schlaf ſeiner Mitbürger
bewachte, war ein äußerſt origineller Kauz, der ſich
ſelber und — wenn er bekneipt war — auch anderen
gern einen Spaß erlaubte.

Für gewöhnlich ſang er nach dem Stundenrufe die
verbreiteten Verſe „Neun undankbar u. ſ. w.;“ bisweilen aber erfand er zur gewohnten Melodie Verſe,
die nichts weniger als religiöſer Natur waren.

So ſang er bisweilen um 4 Uhr:

Vierfach iſt der Tannenwald . . .
Mädle, wie iſt der A.. ſo kalt!

oder:

Vierfach iſt des Ochſen Kraft . . .
Gut' Nacht, dumme Bürgerſchaft!

Einem alten Weinzahn oder Weinbeißer, der nebenbei auch Stadtrat war, rief er zu:

Eh' die Glocke zwölf Uhr schlug,
Hat der Stadtrat nie genug.

Die Studenten charakterisierte er nicht so unrichtig:

Zwölf Stunden hat ein jeder Tag,
Der Studio sauft, soviel er mag.

oder:

Der Studio sauft gar vielen Wein,
Leert einen um den andern 'nein.

Einer alten Jungfer gratulierte er zu ihrem vier-zigsten Geburtstage um 4 Uhr früh:

Vier Jahrzehnte sind jetzt 'rum,
Gott geb', daß bald einer kumm'!

Einem „Pechvogel" von Studenten, der von der Bierbank gar nicht abkommen wollte, sang er:

Zwei Uhr schlug es, hört' ich recht?
Wilhelm, 's ist genug gezecht!

Eine hübsche Bürgerstochter war einem Justiz-referendar sehr gewogen. Da ließ sich der Wächter vor ihrem Hause um 1 Uhr vernehmen:

Liebe Emma, laß mich ein,
Ich werd' dir stets dankbar sein!

Und um 3 Uhr:

Zwei Stunden waren schnell vorbei,
Gut' Nacht, Emma, bleib' mir treu!

Eines Tages hatte der Turmwächter Schmohl vergessen, die Uhr des Stiftskirchturms aufzuziehen. Das ließ sich der Stummel natürlich nicht entgehen. Er sang in der Nacht von Stunde zu Stunde durch die ganze Stadt:

Hört, ihr Leut', und laßt euch sagen:
Heut' hat die Uhr gar nicht geschlagen!
Der Schmohl hat heut sei' Uhr nit g'richt't,
Welle (welche) Zeit es ist, das weiß man nicht!
Bewahret euer Feuer und Licht,
Daß euch Gott der Herr behüt'!
Schmohl, richt' die Uhr noch!

22.
Der schlafende Wächter.

In Dresden blühte das Institut der Nachtwächter noch um 1850. Da trug sich folgendes lustige Ereignis zu:

Eine Familie bewohnte in der kleinen Plauenschen Gasse ein Haus, dessen Einfahrtsthor mit Prellsteinen versehen war. Einen dieser Steine nun hatte der in dieser Gasse amtierende Wächter zu seinem Sitz erkoren, und auf ihm machte er gar oft zum Gaudium

des ihn vom Fenster aus beobachtenden Familienober-
hauptes so tiefe Nicker, als müsse er sich allweil vor
dem vorbeigehenden Könige verbeugen. Sein Beherrscher aber war der alle Menschen bezwingende Schlaf-
gott, der es ihm anthat, daß er auf seinem Prellsteine
seine Pflicht des öfteren verabsäumte.

Und, da er einst wieder schlaftrunken nickte, drang
plötzlich der Ruf eines Kollegen aus einer benachbarten
Gasse an sein Ohr, ohne daß er jedoch zu erfassen
vermochte, welche Stunde gerufen wurde.

Augenblicklich erhob er sich und fing an zu schreien:

> Ihr Herren, laßt euch sagen:
> Die Glock' hat . . .
> Die Glock' hat . . .
> Die Glock' hat . . .

Auf einmal faßte er sich, beutelte das weise Haupt
und schrie:

> Ach, Herrje, ob ihr auf der kleinen Plauen-
> schen Gasse das wißt oder nich'!

Und setzte sich wieder unter der gedeckten Einfahrt
auf seinen lieben Stein und schlief weiter!

23.
Eine Unglücksnacht.

Mein Freund, der Nachtwächter Friedrich Bock,
den die Leser ganz gewiß auch liebgewonnen haben
und dem dieses Buch ein ehrendes Denkmal sein soll,

16 *

stand manchmal mit dem linken Fuße zuerst auf, und dann hatte er Pech, er mochte was immer beginnen.

So auch in einer stürmischen Novembernacht. Der Regen floß in Strömen, der Wind heulte wie ein Rudel sibirischer Wölfe und . . . löschte dem Wächter, als er um ein Uhr die Runde machte, die Laterne aus. Nun war es so stockfinster, daß der alte Mann nicht einmal seine eigene Nase sah, geschweige denn das Städtchen, das er bewachen sollte. Plötzlich hörte er einen Not-schrei und sah ein Licht aufblitzen, und wie er sich mit Mühe und Not durch Sturm und Regen durchgearbeitet hatte, stand er vor einem Hause, und aus einem Zim-merfenster des Erdgeschoßes steckten zwei hübsche Mäd-chen ihre Köpfe, rangen die Hände und schrieen: „Um Gottes willen, lieber Herr Bock, kommen Sie doch herein, es ist ein Dieb oder gar ein Mörder in der Hausflur, und wir sterben vor Angst!"

Der Nachtwächter versuchte vergeblich, die Mädchen zu beruhigen: es rüttle gewiß nur der Wind an den Thüren; die Mädchen jedoch ließen nicht ab, zu bitten, er solle doch den Dieb verscheuchen, bis sich der gute Friedrich bereit erklärte. Die beiden Mädchen aber getrauten sich nicht, die Hausthür zu öffnen; sie boten dem Wächter, da die Fensterbrüstung zu hoch war, einen Stuhl hinaus, er lehnte seinen derben Stock an die Mauer und schwang sich mittels des Stuhles leicht-lich ins Zimmer.

Aber, so genau er auch das ganze Erdgeschoß untersuchen mochte, es war nirgends ein versteckter

Dieb zu finden, und so stieg er, da sich die Mädchen noch nicht zur Hausthüre wagten, um hinter ihm abzuschließen, wieder zum Fenster hinaus und . . . hing jetzt in Nacht und Graus zwischen Himmel und Erde.

Der Wind aber gedachte, dem Friedrich Bock auf die Beine zu helfen; deshalb riß er im ersten Stockwerk einen Fensterflügel aus und warf ihn dem Manne auf den Kopf, daß er entsetzt losließ und im Kote auf dem . . . saß. Ein Glück, daß ihn die Pudelhaube vor einer Verletzung bewahrt hatte!

Nun tappte er, unwillig murrend, heim und . . . lag bald darauf auf der Nase: der boshafte Wind hatte ein Stück schadhaften Gartenzaunes quer über die Straße gelegt, und das hatte den Mann, der so manchen Freischläfer liebevoll vom Boden erhoben, zu Falle gebracht. Mühsam krabbelte er auf und war froh, als er sein Häuschen erreicht hatte und die Thür hinter sich zuschlagen konnte.

Daß sein nächtliches Abenteuer von dem gegenüber wohnenden Apotheker und seiner Frau beobachtet worden war, davon hatte unser Wächter keine Ahnung; daß aber Frau Fama aus einer Mücke einen Elefanten zu machen versteht, das sollte er am kommenden Tage erfahren.

Denn . . . tags darauf ging's wie ein Lauffeuer von Mund zu Mund, daß der alte Bock, anstatt seines Amtes zu walten, fensterln gehe, und als er gegen Mittag einen Ausgang machte, schnurrte ihn zuerſt der Apotheker, dann der Doktor und noch der eine oder andere an, ob er ſich denn nicht in den Grundsboden ſchäme, als ſiebzigjähriger Mann zu jungen Mädchen hineinzuſteigen!

Und die Apothekerin lief als Hort der Gottes= furcht und frommen Sitte ins Pfarrhaus und trug den „Skandal" brühwarm mit ſich und klagte viel über die Verderbtheit der Menſchen im allgemeinen und der beiden jungen Mädchen, ſowie des alten Menſchen insbeſondere, der ſo fromme Lieder ſinge und doch ſamt ſeiner Haut keinen Pfennig wert ſei.

Schließlich klärte ſich aber die Sache doch auf, alle Beteiligten erhielten ihren guten Namen wieder zurück, und die beiden Mädchen ſandten dem getreuen Wächter ſogar eine Flaſche Bier.

24.
Der Nachtwächter und der kluge Fidel.

Was ich da erzähle, das hat mir eine Dame mit= geteilt, die ihre Jugend in Dresden verlebte und für die Wahrheit des folgenden Ereigniſſes bürgt.

Zur Zeit, da in Sachſens Haupt= und Reſidenz= ſtadt noch die Nachtwächter die Runde machten, vor ungefähr fünfzig Jahren etwa, lebte daſelbſt ein ehr= ſamer Schmiedmeiſter, der ſich durch Fleiß und Ge= ſchicklichkeit ſogar zum Hoffchmied emporgearbeitet hatte.

Demnach erlaubten es ihm ſeine Mittel, beinahe jeden Abend ſeine Stammkneipe zu beſuchen und mit etlichen Skatbrüdern einem Spielchen zu obliegen, und seine Karoline erlaubte es ihm auch.

Er hatte nämlich eine Frau und, was ja zu dieser Geschichte gehört, einen Hund namens Fidel, ein gar treues, aber auch sehr kluges Tier.

Eigentlich sollte der Fidel, da der Kindersegen mangelte, der einsamen Frau, indes sie beim Strick-strumpfe oder beim Spinnrade die Rückkehr ihres Mannes abwartete, Gesellschaft leisten; aber, ich weiß nicht, wie es kam, der Fidel entpuppte sich auf ein-mal als Wirtshausläufer, und wenn der Mann die Thür aufthat, war er auch schon draußen und lief, die Karoline schnöde ihren Gedanken überlassend, in die Kneipe.

Dort unterhielt er sich etwa mit dem Hunde des Wirtes, dessen Sprache seine Muttersprache war, oder er sammelte bei den gutmütigen Gästen Fleisch-bröcklein fürs Museum seines Magens, oder er schaute als ein Kibitz aufmerksam den Spielern zu und knurrte erbittert, wenn sein Herrche Pech hatte und saure Gesichter schnitt.

Und ging der Herr heim, so ging auch der Hund heim und achtete genau auf des Meisters Thun und Treiben . . . wer weiß, wozu man's brauchen konnte: Kenntnisse haben noch niemand geschadet.

Und der Herr war so ordentlich in seinem ganzen Gebaren, daß er nicht einmal einen Hausschlüssel bei sich trug.

Wozu auch? Meist saß seine geliebte bessere

Hälfte ohnedies bei Lampenschein an einem Fenster des ersten Stockwerkes und spann und sann. Dann brauchte er nur in die Hände zu patschen, worauf die Meisterin die Treppe herunter huschte und den Gatten einließ. War die Frau aber hie und da des Wartens überdrüssig geworden, dann konnte der Nachtwächter aus der Not helfen. Damals trug nämlich jeder Bezirksnachtwächter den Thorschlüssel eines jeden seiner Obhut anvertrauten Hauses am Eisenring bei sich, um bei Feuers- oder Diebs- gefahr sofort die erste Hilfe leisten zu können, und der öffnete den Nachtschwärmern gegen eine geringe Er- kenntlichkeit gern die Thore.

Nun kam es aber wiederholt vor, daß der Fidel das Kartenspiel zu wenig unterhaltlich fand. Dann wanderte er einfach heimzu und schaute, ob Frau Ka- roline noch Licht hatte. War dies der Fall, so konnte er allerdings nicht, wie der Meister in die Hände pat- schen, aber . . . bellen, das konnte er gar kräftig, und das that er so lange, bis die Meisterin sich erbarmte und das Tier einließ.

War aber im Hause alles stockdunkel, ei, so suchte der Fidel den Nachtwächter auf, faßte ihn mit seinen spitzen Vorderzähnen am Mantelsaume und zerrte ihn vor das Haus, in das er nun einmal hinein gehörte, und dann wußte auch der Nachtwächter, was er zu thun hatte.

Er öffnete seinem vierbeinigen Freunde, und es ist nicht erhört worden, daß er von ihm je eine Ver-

ehrung angenommen hätte, weder einen Knochen, noch
eine tote Maus . . . so selbstlos waren die Nachtwächter in der guten alten Zeit!

25.
Die schöne Amalie und der Leipziger Nacht-
wächter.

Der in Weimar 1780 geborene Wilhelm Christoph
Leonhard Gerhard hatte sich in Leipzig dem Kauf-
mannsstande gewidmet, bald aber sein Geschäft aufgegeben und sein Leben den Musen geweiht. Er schrieb
für die Bühne, übersetzte griechische, serbische, schottische
und spanische Gedichte, studierte Naturwissenschaft, besonders Botanik und Versteinerungskunde, legte wert-
volle Sammlungen an, gab als Frucht seiner Beschäf-
tigung mit den Staatswissenschaften im Jahre 1831 den
„Blick auf einige Steuerverhältnisse im Königreich
Sachsen" heraus, trieb noch im vorgerückten Alter
Malerei und unter Leitung Immanuel August Her-
mann Knauers die Bildhauerei und ist der Gegenwart
noch bekannt durch sein von dem Musikdirektor und
Leiter der Gewandhauskonzerte Christian August Poh-
lenz komponiertes Gedicht: „Auf, Matrosen, die Anker
gelichtet!" Zu seinen Lebzeiten aber war er in aller
Munde als Besitzer von Gerhards (vormals Reichen-
bachs) Garten (an der Lessingstraße) und dadurch, daß
er den Eintritt in denselben und die Besichtigung des
Poniatowski-Denkmals darin nur gegen Zahlung von
fünf Neugroschen gestattete. Deshalb pflegte man da-

mals in Leipzig die Scherzfrage zu stellen: „Wer ist der
größte Chemiker unserer Zeit? — Gerhard, denn er
versteht es, aus einem Sandstein Gold zu schlagen.“
In seinem gastlichen Hause gingen alle Berühmtheiten,
die damals in Leipzig weilten oder sich vorübergehend
hier aufhielten, aus und ein, so auch die berühmte
Schauspielerin Amalie Neumann-Haizinger (1800—
1884). Der Legationsrat Gerhard gehörte zu ihren
eifrigsten Verehrern, sang begeisterte Lieder auf sie,
stiftete ihr zu Ehren den „Rosenorden“, als dessen
„Königin“ sie das „Großkreuz“ trug, und veranstaltete
große Feste, deren Mittelpunkt die schöne Frau bildete.
Bemüht, ihr in immer neuer Weise Huldigungen dar-
zubringen, verfiel Gerhard einmal auf einen eigentümlichen Gedanken. Er veranstaltete ein glänzendes
Abendessen, zu dem er alle Schöngeister Leipzigs und auch
die gefeierte Künstlerin einlud, und bestach den Nachtwächter, wann er die zehnte Stunde abriefe, nicht seinen
gewöhnlichen Vers, sondern an dessen Stelle zu singen:
„Schön Amalie, laß dir sagen, daß alle Herzen
für dich schlagen!“ Der Nachtwächter, angelockt
durch ein für seine Verhältnisse königlich zu nennendes
Trinkgeld, versprach, diesen Vers seinem Kopfe ein-
verleiben und zur verabredeten Stunde absingen zu
wollen. Der Abend kam, die zehnte Stunde nahte, mit
geheimnisvollem Lächeln bot Gerhard der schönen Amalie den Arm und trat mit ihr auf den Balkon. Ein
wenig harmonisches „Tut“ ertönte auf der Straße,
dann gröhlte ein gewaltiger Bierbaß: „Schön Amalie,

laß dir dir sagen: Die Glocke hat zehn geschlagen!" Der unglückselige Nachtwächter hatte einen
großen Teil des gewährten Trinkgeldes seiner Bestim-
mung gemäß vertrunken und dabei den zweiten Teil
seines langen Gedichts vollständig vergessen; er war in
das gewohnte Gleis zurückgefallen, und der galante
Legationsrat war blamiert!

Leipziger Neueste Nachrichten.

26.
Ein Nachtbild.

Der Herr Stadtrat Pech hatte seine Wohnung im
alten Stadtteil aufgegeben und ein mehr den modernen
Bedürfnissen entsprechendes Quartier bezogen. Dieses
geschah „auf Wunsch" seiner teuren Gattin, die ihrem
guten Leopold erkenntlich zu sein versprach. Die erste
Dankesratenzahlung war dem Glücklichen heute in Gestalt eines Hansöffners geleistet worden, d. h. es hatte
eine außerterminliche Verleihung des Hausschlüssels
stattgefunden. Als der gute Stadtrat jedoch, nachdem
er genug geschwelgt hatte, sich zum Heimgange rüstete,
da trübte sich sein Auge sehr, denn die erprobten
Stützen seiner gewichtigen Persönlichkeit, die alle in
der Nähe des Altmarkts wohnten, fehlten ihm, weil
keiner der lieben Freunde dem so vornehm Gewordenen
bis in die weitläufige Vorstadt das Geleit geben wollte.
Und gerade in dieser Nacht vermißte er die treuen
Seelen, deren sichere Arme ihn schon so oft nach Hause
gebracht hatten! Das Alleingehen fiel ihm merkwürdig

schwer, und ein beklemmendes Gefühl bemächtigte sich
seiner. Sollte heute der Wein stärker gewesen sein als
sonst? Eigentümlich! Ja, dieses war die richtige
Straße von so — schwin — schwindelerregender Länge!
Ein Haus sah aus wie das andere; nur die Nummern
waren verschieden! Wer aber — ko — konnte sie
denn le — lesen? Am Ma — Markt, ja, am Ma —
Markt glich kein Haus dem anderen und seine liebe
alte Hausthür hatte ein Schlüsselloch so weit wie ein
Trichter. Angenehmes Schlüsselloch! Ha, ha! — bst!
— Sollte er gar — beschwippst sein? Dies wäre eine
neue Bescherung! Er suchte und suchte, aber er fand
sein Haus nicht. Etwas schwankend tanzte sein Schatten
vor ihm her. Fatal! Das mußte erforscht werden!
Die Zungenschlagprobe hatte sich bei ihm stets bewährt:
— „Inkompati — bi — lität!" Er sprach das Wort
ohne Störung. Zweiter Grad: „Exterri — terri —
Exterr — riola — Exterriori — Exterri — tori —
ali — tät!" Ha! — hm! Merkliche Schwierigkeiten
verursachte das verflixte Wort; sollte er am Ende
doch — —? Himmeldonnerstag? Vielleicht war sogar
der dritte Grad erreicht! Wie hieß nur gleich das
Probewort? Es war ein weiblicher Name — Euge —
nein, Eule — auch nicht! Richtig, der ihm ja so ver-
traute Name seiner besseren Hälfte, seiner sanften Eu
— Eulalia; er lallte das Wort mit schwerer Zunge.
O, weh! — da war er schon am großen Ring, also
übers Ziel hinaus. Seufzend kehrt er um, mit wein-
müden Augen die Häuser musternd. Nichts verriet

ihm, wo fein Heim fei. Seufzend ftolperte er weiter, während er vor fich hin murmelte: „Nicht — nicht einmal eine Kneipe! Kein Schi — Schild! Exterriti — Ex — Exterriti — Exkom — Eu — Eu— laaalia — lallia — lalala — lalala!" Da löfte fich vom Häuferfchatten eine vertrauenerweckende Geftalt. Hurrah! Es war ein Nachtwächter. „Guten Abend, Eula — Herr —! Können Sie mir nicht fagen, Exkom — wo der Herr Stadtrat Pech wohnt?" Eine fcharfe, wohlbekannte Stimme gab Antwort, aber vom offenen Fenfter eines nahen Haufes her: „Komm' nur herauf, Alter! die Nummer fag' ich dir fpäter!" Verftändnisinnig drückte der Nachtrat dem Stadtrat die Hand, nachdem die Hausthür geöffnet war, und fagte: „Die Gnädige da oben fcheint in Ihnen ihren Herrn Gemahl zu vermuten; fchade, daß fie nicht fchöner und jünger ift. Aber diefe Stimme, diefe — na ich danke! Brrr!" Sprach's, fteckte den Nickel ein und verfchwand.

Berliner Tägl. Rundfchau.

27.

Eine Schreckensnacht.

Das reizend gelegene Lofchwitz bei Dresden ift ein klaffifcher Ort. Mit ihm ift die Erinnerung an Friedrich v. Schiller, den volkstümlichften Dichter, und an Ludwig Richter, den volkstümlichften Zeichner, untrennbar verbunden. Deshalb pilgern alljährlich Taufende von Kunftfreunden in das durch den Genius berühmt gewordene Dorf, um in Körners schmucklosem Gartenhäuschen, wo Schiller seinen Don Carlos schrieb, oder in Richters lieblich-idyllischem Landhause mit dem schlichten, epheuumrankten Denkstein im Vorgarten eine Stunde weihevollen Gedenkens zu verleben.

Aber auch ein Lächeln mag die Erinnerung an diese großen Männer hier wachrufen; der Ausblick auf die paradiesische Landschaft und den überaus belebten Strom hat ja auch die beiden Künstler in lebensfrohe Stimmung versetzt und in ihnen die goldenen Saiten des Humors erklingen lassen. So wurde Schiller trotz der ernsten Grundstimmung seines ganzen Wesens hier zum Komiker, der die Unterbrechung seiner dichterischen Thätigkeit durch die lärmende Waschfrau in Knittel- versen besingt, der das Familienleben seines Freundes Körner in schauderhaften Zeichnungen karrikiert und der auf schaukelndem Kahne wiederholt zu seiner Gustel nach Blasewitz hinüberfährt, um sich schließ- lich . . . einen Korb zu holen, da das Mädchen . . . einen vom Theater denn doch nicht heiraten will. Und . . . wer wüßte nicht, daß der geniale, kindlich- naive Richter gerade hier seine liebenswürdigsten Ein- fälle mit dem Stifte verewigte?

Ein Lieblingsschüler Richters aber, der in den fünfziger Jahren in seines Meisters Landhaus ein winziges Stübchen bewohnte, erlebte eines Tages oder vielmehr in einer trügerischen Mondscheinnacht ein Abenteuer, das immerhin des Erzählens wert ist und um so mehr in dieses Buch gehört, als ein wackerer

Nachtrat oder Nachtwächter den Knoten der schreck-
lichen Geschichte mit der Nüchternheit eines Sancho
Pansa löste.

Besagter junger Künstler wandelte nämlich einst
mitten in einer wohligen Sommermondnacht gemäch-
lichen Schrittes aus der Residenz am rechten Elbeufer
gegen Loschwitz, und da er als gottbegnadeter Phantast
mit Elfen und Nixen und Kobolden wohl vertraut
war, ließ er sich weder durch das Glitzern der Wellen-
kämme, auf denen die Nixlein saßen, noch durch das
Rauschen der Bäume, in deren Kronen die Kobolde
sich allerlei zuraunten, noch auch durch dahinhuschende
Schatten, die natürlich herumhuschende Zwerge waren,
irre machen und ängstigen. Halb träumend ging er
seines Weges, es nahten sich ihm die schwankenden
Gestalten, die er am kommenden Tage unter seines
verehrten Lehrers trefflicher Leitung zu bannen gedachte.

Aber plötzlich wurde er durch die rauhe Wirklich-
keit aus dem Reiche der beseligenden Träume gerissen!

Ein Seufzen, ein Stöhnen, ein Röcheln wie das
eines Sterbenden drang an sein Ohr, und wer beschreibt seinen Schreck, als er nahe den prinzlichen
Schlössern, vom Vollmonde beschienen, quer über den
Weg einen Mann liegen sah, in dessen linker Hand
ein — Dolch blitzte!

Es war aber der Jüngling ein liebewarmer
Menschenfreund, und also entsetzte er sich um so mehr
bei dem Anblicke eines offenbar im nächtlichen Kampfe

Gemordeten oder eines Unseligen, der die verhängnis-
volle Waffe gegen die eigene Brust gezückt hatte.

Der Jüngling lief atemlos gegen das nahe Loſch-
witz und dankte allen Göttern Sachſens und der um-
liegenden Länder, als ihm das Auge des Geſetzes, der
Nachtrat mit Laterne und Hellebarde, begegnete.

„Um Gottes willen, mein guter Mann, helfen
Sie, retten Sie 'mal . . . da draußen liegt ein Ermor-
deter oder ein Selbſtmörder!“

„Na, heeren Se, mein guteſtes Herrche,“ ſagte der
Wächter und ſchüttelte das beſorgte Haupt, „das iſt
ferchterlich, wenn da Mörder umſchleichen dun! Da
gann ich Se nich alleene helfen . . .“

Sprach's und ſchlug mit dem Stiele der Hellebarde
an die Thüren der nächſten Häuſer, und bald kamen
Hackemann, der Fleiſcher, Sägemann, der Tiſchler, und
Bliemchen, der Schullehrer, herbei, um ſich bei Anhö-
rung der Mordgeſchichte zu verwundern und ſodann
den Unglücklichen bergen, den Mörder aber, falls er
nichts dagegen einzuwenden hatte, fangen zu helfen.

Alſo kamen die tapferen Männer, der Nachtrat
mit Laterne und gefällter Waffe voran, der Schul-
meiſter, der beabſichtigte, nötigen falls das Dorf zu
alarmieren, hintendrein, an die Unglücksſtätte, und
richtig, da lag der arme Mann in aller Länge quer
über den Weg, und der Dolch blitzte und ſpielte gar
unheimlich im falben Lichte des Mondes.

Weil ſich aber in den Büſchen und Bäumen außer
dem gewohnten Rauſchen nichts Verdächtiges regte und

der Mann auf dem Boden, von einigem Gegrunze abgesehen, sich gleichfalls ruhig verhielt, stellten sich die Männer mutig um den Gefallenen, der Fleischer stemmte beide Hände auf die Schenkel, um sich besser bücken zu können, Herr Bliemchen sprach im Hintergrunde ein frommes Gebet und der Nachtrat suchte mit der Laterne die Wunde und . . . beleuchtete ein weingerötetes Gesicht und eine Hand, die das Allheilmittel gegen jeglichen Kater, einen . . . fetten Hering, krampfhaft festhielt!

Da lachte der Nachtrat auf und sagte: „Na heeren Se . . . der ist 'mal nich dod, der hat se nur zuviel hinter die Binde gegossen . . . nu äben!"

Und Sägemann, der Tischler, schaute den jungen Künstler an, als ob er in aller angeborenen und anerzogenen Höflichkeit fragen wollte, ob's denn der Mühe wert gewesen sei, eines Betrunkenen wegen drei ehrsame Bürger aus dem besten Schlafe trommeln zu lassen!

Und der Lieblingsschüler Ludwig Richters griff sich verlegen an das noch bartlose Kinn und kratzte sich hinter dem linken Ohre und meinte:

„Ei, was die Nacht einem doch für Schabernack spielen kann! Immerhin aber werden wir den Mann da sachte in den trockenen, grasreichen Graben wälzen, daß ihn nicht etwa ein Wagen überfahre, und da im soliden Sachsen um die zwölfte Stunde kein Wirtshaus mehr offen steht, so lade ich die Herren für morgen

abends ein auf ein belegtes Brot und auf ein Töpf-
chen frischen Bieres!"

Da rieben sich die wackeren Retter vergnügt die
Hände . . . nur der Nachtrat nicht; denn er mußte
Hellebarde und Laterne halten, und die Erfüllung seiner
Pflicht ging jedem Vergnügen und Freudenausbruch
bevor.

Nu äben!

28.
Der Nachtwächter von Eschenreut. [1])

Es ist mir wahrlich noch nie eingefallen, den
Nachtwächter um sein poetisches Amt zu beneiden,
weder den, der vor Mitternacht, noch den, der nach
Mitternacht, am allerwenigsten aber den, der die
ganze Nacht hindurch „nachtwachten" muß.

So einer war der Nachtwächter von Eschenreut,
der alte, friedliebende Isidor Scharnagel, der sich in
einer langen Reihe von Jahren in seine völlig verkehrte
Lebensweise so gut hineingefunden hatte, daß er, ohne
einer Weckuhr zu bedürfen, die Pausen seiner nächtlichen Thätigkeit mit der größten Gemütsruhe . . .
verschlief und, wie's bei einem guten Musikus eben
sein soll, doch nie zu spät einsetzte.

Die Gewohnheit ist eben eine zweite Natur, und
also tutete und sang der Isidor eine Viertelstunde lang
im Dorf herum, schlief sodann, im Winter, in seinen

---

[1]) Aus meinem Volksbuche: „Nimm und lies!"

warmen Mantel gehüllt und den Spieß wohl in den
Armen haltend, in irgend einem Stalle, im Sommer
aber im Straßengraben oder sonst in einem heimlichen
Winkel, wo ihn die lieben Dorfburschen nicht finden
und necken konnten, drei Viertelstunden den Schlaf des
Gerechten und sprang beim nächsten Stundenschlage,
als hätte ihn eine Wespe in die Nase gestochen, auf,
um seine Runde zu machen und dann abermals bis
zum nächsten Pflichtgange dem Schnarchwerke zu obliegen.

Nur daheim in seinem warmen Bette schlief er
nicht gern; einmal, weil sein Häuslein mehr als eine
Viertelwegstunde außerhalb des Dorfes stand und er
also für sein wichtigstes Geschäft gar zu viel Zeit
versäumt hätte, sodann, weil ihn der Vorsteher vor
Jahren etlichemal aus den Federn gestäubt und mit
schandbarer Absetzung bedroht hatte, und endlich, auf
daß alle drei guten Dinge zusammenkommen, weil . . .
seine Alte . . . Kathi hieß, und was das bedeutet,
weiß jeder, der selber eine hat und die Volksmeinung
über diesen heiklen Gegenstand kennt.

Da geschah es denn eines Tages, daß der Krapfenbauer Stroh lud und nach dem etliche Wegstunden
entfernten Städtlein zu fahren gedachte, dieweil sich
eben ein Jahrmarkt ohne Stroh nicht leicht denken
läßt und daher solcher Ware halber immerhin Käufer
genug zusammenlaufen.

Als sich die Nacht auf Eschenreut herabsenkte,
schnarchte der Bauer, den Schlaf vorwegnehmend, be-

17*

reits mit allen Faultieren um die Wette, der Wagen
aber stand sorglich geschichtet und reisefertig vor dem
Hause, und der Isidor stand daneben in der Gasse und
blies und sang:

„Alle meine Herren, laßt euch sagen:
Der Hammer hat zehn Uhr g'schlagen!
Wir loben Gott und Unsere Liebe Frau
Und rufen an den heiligen Florian,
Daß er uns beschütz' vor Feuer und vor
        Flamm'. —
Hat zehn Uhr g'schlagen!"

Dabei maß er des Wagens Höhe mit Kenner-
augen und spähte ringsum nach einem Stieglein, und
wie er an einem Zwetschenbaume eine Leiter lehnen
sah, da war sein Plan auch schon gefaßt, und die
Freude ob des prächtigen Lagers zwang ihn, seiner
Pflicht mit fabelhafter Geschwindigkeit zu genügen.

Dann aber eilte er zu seinem Himmelbette zurück,
bestieg mit Hilfe der dienstfertigen Leiter seinen Stroh-
thron und legte sich und streckte sich und schlief trotz
einem Könige, der da in Eiderdaunen fast versinkt,
und sprang nach alter Gewohnheit um elf Uhr vom
Lager und sprang mit der Pünktlichkeit der ehrgeizig-
sten Stadtuhr um zwölf Uhr vom Lager und machte
seine Runde und sang:

„Wenn niemand ist mehr auf der Straßen,
So ist der Wachter auf der Gassen,
Er muß singen und muß schrei'n
Und ist immer ganz allein.
Er hat an' Hunger und an' Durst,
Er aßet gerne Brot und Wurst,
Er tranket gerne Bier und Wein,
Aft könnt' er noch viel besser schrei'n!"

Inzwischen aber hatte sich der Krapfenbauer den
Schlaf aus den Augen gewischt und seinen Öchslein
einen schönen, guten Morgen gewünscht, und also hätte
der Isidor klug gehandelt, wenn er sich für die zweite
Hälfte der Nacht um ein anderes Bett umgeschaut
hätte, um ein feststehendes, und nicht um eines, das
in nachtschlafender Zeit kecklich Reisen unternimmt.

Aber der Isidor war nun einmal auf sein Stroh-
lager erpicht, und also flog er mit allen Zeichen seiner
Würde, mit Horn und Spieß, die Leiter hinauf und
schlief im nächsten Augenblicke, die kurze Zeit möglichst ausnützend, so fest, daß es der alte Krapfenbauer
und seine Öchslein durchaus nicht nötig hatten, aus
zarter Rücksicht auf den Zehen fortzuschleichen.

Also brachte der Bauer seine Zugtiere aus dem
Stalle und spannte sie, des öftern in die Hände spu-
ckend, in aller Gemächlichkeit an und sagte: „Hü!",
und wackelte neben seinem Fuhrwerke einher und ge-
wahrte es nicht einmal, daß die Leiter, die vom langen

Stehen wohl auch schläfrig geworden war, rückwärts
sänftiglich zur Erde glitt, und stopfte sich aus der
runzelreichen Blatter ein Pfeiflein und paffte in die
frische Nachtluft hinaus, als müsse er alle Nebel brauen,
so in der Frühe durch die Erlen schleichen.

Auf diese Art führte er seine Marktware samt
dem wackeren Gemeindebeamten Isidor Scharnagel aus
dem Dorfe, durch Feld und Au, durch ein würziges
Fichtenwäldchen, vorbei an einem träumenden Teiche,
und es war die Schaukelfahrt so wohlig, daß sich der
Isidor wieder für ein Kind hielt, das in der Wiege
lag und vom Mütterchen gehutscht wurde.

Es war aber der Weg, der des Krapfenbauern
Gelüste kannte, so gescheit, daß er sich zwischen hohem
Riedgrase schnurstracks ins nächste Dorf wandte, wo
des Löwenwirts Fenster ihren Glast auf die Straße
sandten und kündeten, für Marktleute sei heute ausnahmsweise allweil etwas zu haben. So sagte der
Krapfenbauer: „Öha!“ und stolperte mit schweren
Stiefeln durch die Hausflur in die rauchige Stube, ließ
sich mit Wucht auf die Wandbank niederfallen und
wärmte sich mit einem „Stamperl“ den Magen aus,
wie's die Fuhrleute nun schon machen, die auch nachtwachten müssen.

Und der Nachtwächter Isidor . . ., der schlief noch
allweil in seinem Himmelbette, bis sich des Dorfturms
Uhrhammer in seinen Gliedern ächzend hob und ein
mächtiges „Eins“ in die Nacht hinausdröhnte.

Mit einem Rucke fuhr der Isidor auf, griff nach

Cuthorn und Spieß und tappte mit den Füßen nach der Leiter.

Die aber lag im tiefsten Schlafe vor des Krapfenbauern Haus in Eschenreut.

„Banda, vertrackte, hat man denn von euch keine Nacht sei' Ruh'?!" brummte der Isidor, der keinen Augenblick daran zweifelte, es hätten ihm spät heimkehrende Dorfburschen die Leiter weggezogen. Dann glitt er, seiner Pflicht gedenkend, an der senkrechten Strohwand zur Erde, schüttelte sich, setzte seine Amtsmiene auf und sein Horn an und blies mit vollen Backen, als müsse er die Mauern von Jericho umstürzen.

Wer aber beschreibt sein Entsetzen, als in demselben Augenblicke in unmittelbarer Nähe noch ein Cuthorn weit mächtiger in die Nacht hinaustönte und kaum zehn Schritte vor ihm eine Gestalt auftauchte, die in einen langen Mantel gehüllt war, einen langen Spieß in der Rechten trug und darauf lostutete, daß ein Tauber hätt' müssen hörend und ein Hörender taub werden!

Da vergaß der Isidor ob der unergründlichen Bosheit des Burschen, der sich unterfing, den Nachtwächter so erbärmlich zu frozzeln, völlig seines Liedleins, und er schnauzte, bebend vor Zorn, die Gestalt an:

„Du Lump, elendiger, wart', ich will dich nachtwachtern lehren!"

Der Gestalt aber, die ja, wie der Leser weiß, ein

eben so echter und gerechter Nachtwächter war wie der
Isidor, ging's beim Anblicke des Nebenbuhlers um
kein Haar besser; auch in dem „Sicherheiter“ der Nach-
bargemeinde fing's an zu kochen, und also stürzte er
sich in der Vollkraft seiner noch jungen Jahre auf den
alten Isidor, entriß ihm, ehe der sich's versah, die
unter allen Umständen ziemlich harmlose Waffe, packte
ihn mit eisernem Griffe am Kragen und schrie:

„Ei, du Erzhaderlump, foppen willst mich auch
noch? Marsch, in den Kotter mit dir, und morgen
früh wird dir der Vorsteher schon ein Lichtlein an-
zünden, daß dirs Nachtwachtern ein für allemal vergeht!“

Damit stieß der bärenstarke Mensch den Isidor,
dessen Knochenmark schon so ziemlich vertrocknet war,
trotz all seiner feierlichen Verwahrungen vor sich her
ins Gemeindehaus und in ein stockdunkles Kämmerlein, das zwar sehr wenig Einrichtungsstücke aufwies,
aber, da sein einziges Fenster gut vergittert war, den
Vorteil hatte, daß einer nicht so leicht gestohlen werden
konnte.

Da lag nun der arme Nachtwächter von Eschenreut auf harter Pritsche, zermarterte sein Hirn und
sagte sich, bis endlich die Dämmerung heranschlich und
der helle Tag zwischen den Eisenstäben hereinlugte,
wohl hundertmal:

„Es kann und kann nicht sein, was da zu sein
scheint! Nein, nein — ich liege ja wohl allweil noch
auf dem Strohwagen des Krapfenbauern und träume ...

und faft ift mir, als ob ich mich felber hätt' eing'fperrt
in den Kotter!"

Wie er fich aber, da es völlig Tag geworden war,
in dem einfach ausgeftatteten Gemache genauer umfah,
mußte er fich doch wieder geftehen:

„Ein Traum kann's doch nicht fein, und — ei der
taufend! — das ift ja gar nicht unfer Kotter, und jetzt
weiß ich wahrhaftig nicht, bin ich's oder bin ich's
nicht, und . . ."

Da raffelte draußen ein Schlüffelbund, ein Schlüffel
ward ins roftige Schloß gefteckt, und der Nachtwächter
des Nachbardorfes öffnete die Thür, um den übermütigen
Gefellen im Triumphe zum Vorfteher zu führen und
ihm die Nachtwächterei ein für allemal zu vertreiben.

Wie er aber dem Gefangenen ins ftoppelreiche,
kummerbleiche Antlitz fah, da wurde fein Geficht plötz·
lich nochmal fo lang, als es gewöhnlich war, und dann
brach er in ein fchallendes Gelächter aus, patfchte mit
beiden Händen gleich einem Schuhplattler-Tänzer auf
die Oberfchenkel und rief:

„Ft . . . jetzt möcht' ich aber doch gleich ein Bos·
niak werden; bift du nicht der Ifidor Scharnagel, mein
Kollega aus Efchenreut?"

Und der Ifidor, der fchaute drein, als fehe er ein
närrifches Mondkalb vor fich tanzen, und fchrie:

„A . . . da möcht' fich einer doch gleich auf den
Kopf ftellen und drei Wochen ftehen bleiben . . . Bift
du nicht der Pankraz Haberfack, mein Kollega aus
Brunnkirchen? Wie kommft denn du daher?"

„Ja," sagte der Pankraz, „das muß ich dich fragen; denn wir sind allhier im Brunnkirchner Gemeindekotter, und da bin ich mit Fug und Recht, und du . . .?"

Da griff der Isidor an seine Stirn, rieb sich die nachdenkliche Runzelhaut warm und sagte:

„Du . . . mir geht jetzt wirklich ein Lichtlein auf! Mir schwant, die Hutschen, von der mir geträumt hat, sei des Krapfenbauern Strohwagen g'wesen . . . ei . . . vernagelte G'schicht! . . . wenn du nix aussagst . . . ich zahl' gern an' Liter!"

Na . . . den Liter haben die beiden Nachtwächter miteinander getrunken, aber — ausg'sagt hat's der Pankraz von Brunnkirchen doch — sonst könnt's ja ich nicht wissen!

IV.

Verſchiedenes.

1.

Aus dem Nachtwächterbüchlein des Pfarrers
M. Christian Burk, Stuttgart 1834.

Diese Sammlung enthält auf 35 Seiten in verschiedenen Gegenden Süddeutschlands sowie in den
evangelischen Brüdergemeinden im erwähnten
Jahre gebräuchliche Nachtwächterrufe, ferner eine
Anzahl von christlichen Freunden neu gedichteter
Lieder. Ich teile hier jene mit, die nicht bereits in
meiner Sammlung enthalten sind. Manche dieser Rufe
und Lieder erweisen allerdings viel christliche Gesinnung, aber . . . herzlich wenig Poesie!

Um 7 Uhr abends:

Sechs Tage hat der Herr sein Werk getrieben,
Er geb' uns seine Ruh', die Glock' ist sieben.

Siebenfach ist ausgesandt
Gottes Geist in alle Land.

Siebenzigmal siebenmal
Sollet ihr vergeben all.

Jesus sprach die sieben Worte
Dort an seinem Kreuzesorte.

Denk', o Christ, an jedem Orte
An die sieben Kreuzesworte!

Eil' der Sünde zu entfliehen!
Sieben ärg're Geister ziehen,
Wirst du wieder untreu sein,
Schnell in deinem Herzen ein.

Sieben Worte sprach das Lamm,
Das sich in den Tod gegeben,
Noch zuletzt am Kreuzesstamm',
Worte voll von Geist und Leben.
Jesu, sprich in Todespein
Sie mir selbst ins Herz hinein!

Feuer und Lichter zu bewahren,
Sollt ihr euern Fleiß nicht sparen;
Drum sag' ich auf meiner Wacht:
Seid auf beides wohl bedacht!
Doch erinn'r' ich euch dabei,
Wer der rechte Hüter sei.

Johann Lackner,
Nachtwächter von Zell am Ziller (Tirol). S. 2[8.

Um 8 Uhr:

Acht verschonte Gottes Gnad'
In dem großen Sündenbad.
Uns're heil'ge Arche bist
Du, o Heiland Jesus Christ.

Selig priesest achtmal du,
Wer fänd' so nicht gerne Ruh'?

Wer noch Ohren hat, der höre,
Was die Alte Welt uns lehre:
Noah wurde nur selbacht
In der Arche durchgebracht.

An dem achte Tagen brachten
Zur Beschneidung sie das Kind.
Laßt die Frage uns beachten,
Ob auch wir ihm heilig sind!

Acht Personen fanden Gnad',
Da die Welt die Flut hinraffte:
Denke hier ans Wasserbad,
Dadurch Gott dir Heil verschaffte!
Lob sei dir, Herr Jesu Christ,
Der du uns're Arche bist!

Um 9 Uhr:

Noch floß um die neunte Stunde
Trostwort aus dem heil'gen Munde.

Neunundneunzig läßt der Hirte;
Suche, Jesu, das Verirrte!

Neune sündigten aufs neu,
Einer blieb nur Jesu treu,
Wollt' von seinen Sünden rein
Und des Heilands Jünger sein.

Die Glock' schlägt aus, es heißet neune,
Macht Haus und Hof und auch die Herzen
reine!

Neun Uhr war's, da Jesus spricht:
„Gott und Herr, verlaff' mich nicht!"

Um 10 Uhr:

Zehn ist der Jungfrauen Zahl,
Fünf nur geh'n in Hochzeitsfaal.

Zehn Gebote haben wir,
Halten laßt sie strenge hier.

Ringe, denn die Pfort' ist enge,
Fleuch der Finsternis Gemenge!

Zehn Jungfrauen gingen aus,
Doch nur fünf ins Hochzeithaus.

Jakob seufzte um den Lohn
Zehnmal. Denen, die dich lieben
Und sich im Gehorsam üben,
Hältst du Treue, Gottes Sohn.

Zehn Gebote stellen mir
Stets vor Augen meine Pflichten:
Jesu, dein Geist mich regier',
Meinen Gang danach zu richten;
Will dann Mosis Fluch mir dräuen,
Laß dein Blut um Gnade schreien!

Zehn Gebote stellen dir
Alle deine Sünden für;
Säume mit der Buße nicht,
Nah' ist Tod und Weltgericht!

Um 11 Uhr:

Die Glock' ist elf, auch in der elften Stunde
Ruft unser großer Herr zu seinem Bunde.

Zögern bis zur elften Stunde
Stürzet tausendweis zu Grunde;

Selig, wer den ganzen Tag
Ohne Lohnsucht dienen mag!

Jetzo um die elfte Stunde
Geht das Wort aus Jesu Munde:
„Was steht ihr so müßig hier?"
„„Herr und Gott, wir folgen dir!""

Wer auf bösem Weg jetzt stehet,
Der bedenk', wohin er gehet.
Um elf Uhr rufet Jesus ihn
Auch noch in den Weinberg hin.

Elfe treu geblieben sind,
Wehe dem verlornen Kind!

Elfe sah'n den Heiland nur,
Wie er auf gen Himmel fuhr.
Wehe, wer den Herrn verrät,
Nicht zu Seiner Rechten steht!

Elfe sind von zwölfen treu
Jesu, ihrem Herrn, geblieben,
Judam hat Verräterei
Zur Verzweiflung hingetrieben.
Jesu, gieb, daß ich getreu
Dir bis an mein Ende sei!

Um 12 Uhr:

Bist du müd' der Eitelkeiten
Und des Leidens dieser Zeiten,
Schaue auf die gold'ne Stadt,
Die zwölf Perlenthore hat!
In Jerusalem, das dorten,
Steh'n zwölf Wachen an zwölf Pforten,
Zwölf Lichtsengel halten Wacht,
Dorten wird es nimmer Nacht.

Wer noch mit Sorgen kämpfen muß,
Der denk', um freudig Gott zu loben,
An die zwölf Körbe Überfluß,
Die einst der Herr dort aufgehoben.

Zwölf der Perlenthore hat
Deine heil'ge Königsstadt;
Führe uns durch Freud und Leid,
Herr, zu deiner Herrlichkeit!

Zwölf Thore hat dort Zionsstadt,
Die den reinsten Perlen gleichen,
Seele, werde ja nicht matt,
Bis du solche wirst erreichen,
Selig, selig wirst du sein,
Gehst du einst in solche ein.

Die Mitternacht ist da, hast du vernommen?
Bis Mitternacht wird unser Bräut'gam
kommen.

    Um 1 Uhr:

Es ist nur ein ein'ger Gott,
Ruf' ihn an in aller Not!

„Eins," ruft Jesus, „eins ist not,
Welt, behalte deinen Kot!"

Eins ist not, o treuer Gott,
Gieb uns einen sel'gen Tod!

Eines Liebe leuchtet mir,
Liebster Jesu, gieb mich dir!

Einen Herrn nur bet' ich an,
Höre, Gott, mein Flehen an!

Ein Gott ist es, den ich liebe,
Herr, o segne meine Triebe!

Einer sitzet auf dem Thron,
Jesus Christus, Gottes Sohn.

Auf, wer noch in Fleisches Lüsten
Sich an Spiel und Gläser hält!

Ach, daß es doch alle wüßten,
Daß ein Richter ist bestellt,
Dem nicht einer dort entgeht,
Alle einst sein Aug' erspäht!

Weinest, Seele, du um einen,
Der nicht mehr vorhanden ist?
Er ist droben, laß' dein Weinen,
Bei dem Heiland Jesus Christ!

Die Glock' ist eins, der Tag geht an im
           Dunkeln,
Wann wird der Morgenstern im Herzen
           funkeln?

Der Wächter ruft bei stiller Nacht:
Die Glock' ist eins! Wer's hört und wacht,
Der lobe Gott den Herrn.
Ja, einer ist nur unser Gott,
Der duldet keines Thoren Spott,
Sein Schrecken ist nicht fern.

Eins, o Seele, eins ist not,
Suche es nicht auf der Erden,
Achte alles hier für Kot,
Alles laß' dir Jesum werden,

Jesum und sein ganzes Heil,
Wähle dir das beste Teil!

Eins ist not, nur eins ist not,
In dem Herrn ein sel'ger Tod;
Diese Perle suche hier,
Dieses Eine wünsch' ich dir.

Um 2 Uhr:

Zwei der Jünger suchten dich,
Lehre suchen, Herr, auch mich!
Kommt herbei, ihr Sünder, schnell,
Trinket aus dem Lebensquell!

Von sechshunderttausend Mann
Sanden zwei nur Kanaan.

Sind noch zwei zum Beten eins,
Freut euch, Brüder, euer Flehen
Wird erhört, ihr werdet's sehen,
Gott versagt euch deren kein's.

Deine Kinder schlafen nun.
Lass' auf allen deinen Frieden,
Deinen Geist, sie zu behüten,
Liebster Jesu, zweifach ruh'n!

Die Glock' ist zwei, auf, kommt dem Tag
                        entgegen
Und rühmt den Herrn der Tage nach Ver-
                  mögen!

Zweifach ist des Lebens Bahn,
Herr, zur bessern leit' uns an!

Der Wächter ruft bei stiller Nacht:
Die Glock' ist zwei! Wer's hört und wacht,
Der lobe Gott den Herrn!
Nun wähle, Mensch, dir einen Lauf,
Zum Tod hinab, zum Leben auf!
Gott aber rettet gern.

Zween, o Mensch, zween Wege sind
Dir von Jesu vorgeleget;
Geh' den schmalen, liebes Kind,
Der dich zu dem Himmel träget!
Wem der breite Weg gefällt,
Läuft zur Hölle mit der Welt.

Nur zwei Wege, breit und schmal,
Führen durch das Erdenthal;
Führe mich die schmale Bahn,
Führe, Herr, mich himmelan!

Um 3 Uhr:

Drei Gottesmänner kamen
Als Gäst' zu Abrahamen;
O selig, wer barmherzig ist,
Der Not der Armen nie vergißt!

Der Kön'ge kamen drei
Zum Jesuskind herbei;
Heilig, heilig, heilig ist
Unser lieber Jesus Christ!

Drei göttliche Personen
Oben im Himmel wohnen.

Denk', hat Trübsal dich betroffen,
An die drei im Feuerofen.

Drei sind meine Triebe:
Glaube, Hoffnung, Liebe;
Glaube, Hoffnung, Liebe lehrt,
Alles, was mein Herz begehrt.

Glaube, Hoffnung, Lieb', die drei,
Herr, erhalte uns dabei!

Dreimal flehte Jesus still:
„Vater, nicht, wie ich es will!"

Bist du schon im Kummer wach,
Bete dies dem Heiland nach!

Die Glock' ist drei. Dreieinigkeit von oben,
Laß' Geist und Seel' und Leib dich innigst
loben!

Die Glock' ist drei, es hebet an, zu tagen;
Bist du nun noch bei Gott, Herz, kannst du's
sagen?

Der Wächter ruft bei stiller Nacht:
Die Glock' ist drei! Wer's hört und wacht,
Der lobe Gott den Herrn.
Drei ist der Eine auf dem Thron,
Ihr Heiden, ehret Gottes Sohn,
Er kommt, der Morgenstern.

Drei Personen ehren wir
In dem Einen höchsten Wesen,
Zweifle, wer da wolle hier,
G'nug, die Schrift giebt's klar zu lesen,
Drum Gott, Vater, Sohn und Geist,
Sei du von uns hoch gepreist.

Um 4 Uhr:

Die vier Tiere um den Thron
Loben stets dich, Gottes Sohn.
Viere gingen dort geschwind,
Wo sie hintrieb heil'ger Wind;
Fromme Seelen dienen gern
Unserem erhab'nen Herrn.

„Folgt mir!" rief der Herr den Vieren,
Jesu, lass' dies Wort mich rühren,
Weil du unter schwerer Last
Mich, auch mich gerufen hast.

Viere sprachen von dem Wort,
Dieses Wort währt ewig fort.

Vierfach ist die Jahreszeit,
Widmet sie der Ewigkeit!

Die Glock' ist vier. Wo drei eins sind auf
Erden,
Verheißt der Herr der vierte Mann zu werden.

Der Wächter ruft: Die Nacht vergeht,
Die Glock' ist vier! Wer nun erfteht,
Der lobe Gott den Herrn.

Vier sind der Tier' und schlafen nicht,
Sie schau'n des ew'gen Tages Licht,
Und, ach, wir schauten's gern.

Vier, ach, der Dinge stell'
Dir beständig vor, o Seele:
Tod, Gerichte, Himmel, Höll';
Was zum Frieden dient, erwähle,
So raubt Tod, Höll' und Gericht
Dir gewiß den Himmel nicht.

Um 5 Uhr:

In fünf Wunden such' dein Heil,
So hast du am Himmel teil.

Fünf Wunden Jesum zieren,
Laßt Mut uns nicht verlieren!

Hätt' er fünf Fromme dort gefunden,
Hätt' Sodom Gott verschont;
Ach, selbst die fünf heil'gen Wunden
Helfen nichts, wo Satan wohnt!

Gottlob, bald wird es wieder Morgen,
Und drohen euch heut' neue Sorgen,
Wißt, mit 5 Gerstenbroten kann
Gott speisen selbst 5000 Mann.

Aus fünf Wunden floß das Blut
Deines Heilands dir zu gut;
Denke oft und viel daran,
Was der Herr für dich gethan.

Die Glock' ist fünf. Fünf Jungfrau'n geh'n
                    verloren,
Und fünfe sind zur Hochzeit auserkoren.

Fünfe, ach, was sehe ich,
Dort am Kreuz fünf Wundenhöhlen
Meines Heilands öffnen sich
Als die Freistadt müder Seelen,
Denen Jesus selbst ruft zu:
„Kommt, ihr findet bei mir Ruh'!"

   Um 6 Uhr:

In sechs Tag'n hat Gott die Welt
Wunderbarlich hergestellt.

Sechs Krügen mit Wasser voll
Durch Jesum Christ Wein entquoll.

In Kana hat sechs Wasserkrüge
Der Herr mit edlem Wein gefüllt;
In uns're Ehen, Heiland, füge
Stets alles so, wie du es willst.

Wenn Wasserströme uns bedräu'n,
Lass' Freudenwein nicht ferne sein!

In sechs Tagen schuf die Welt,
Der sie noch allmächtig hält.
Großes hat er da gemacht,
Größ'res noch am Kreuz vollbracht.

Die Glock' ist sechs, die Nachtwach' geht zu
Ende,
Nun nimm du selbst das Herz in deine Hände.

Die Glock' ist sechs, der Wächter geht vom
Wachen,
Nun mag sich jedes an die Wache machen.

Sechs Tag nahm der Schöpfer Zeit,
Eine schöne Welt zu bauen,
Darin seine Herrlichkeit,
Macht und Weisheit ist zu schauen;
Schaffe, Gott, du kannst's allein,
Mir ein Herz, das neu und rein!

Sechs der Krüge, voll von Wein,
Sollen dir ein Zeichen sein,
Wie sich der, der alles kann,
Treulich nimmt der Seinen an.

An einem schönen Morgen in der Ernte.

Zur Arbeit ruft der Herr uns wieder,
Ein schöner Morgen bricht heran;
Wacht auf und singet frohe Lieder,
Dann greift die Arbeit munter an
Und denkt, wenn euch das Tagwerk drückt:
„Wenn's nur am Erntetag uns glückt!"

oder:

Schon tagt es in der Ferne,
Wohllauf, erhebt euch wieder,
Der Herr stärkt eu're Glieder,
Geht an die Arbeit gerne!
Schneidet und bindet und führet die Garben,
Lasset daneben den Armen nicht darben,
Denket daran,
Was der Allmächtige kann,
Der euch so reichlich gesegnet,
Der euch so freundlich begegnet,
Denket daran!

Wenn es in der Nacht irgendwo gebrannt hat.

Wir wurden in der Nacht geweckt,
Gott hat durch Feuer uns geschreckt.

Ach, nützet eu're Tage so,
Daß euch kein Höllenfeuer droh'!

Am Sonntagmorgen.

Ihr Christen, seid fröhlich, seid munter und
wacht,
Die Strahlen der Sonne vertreiben die Nacht!
Erleucht' uns, o Jesu, du himmlisches Licht,
Laß unsere Herzen zu dir sein gericht',
Auf daß wir begehen die Tage des Herren
Mit Singen und Beten, Gott Loben und
Ehren!

Am Christtage.

Zu Bethlehem, in Davids Stadt,
Wie der Prophet verheißen hat,
Ist heut' geboren Jesus Christ,
Der aller Welt ein Heiland ist.

Am Ostertage.

O Morgen, heil'ger Morgen, sei,
Uns allen froh begrüßt!
Preis unserm Gott, durch dessen Treu'
Du uns erschienen bist!

Einst, wenn nicht Grab mehr ist noch Tod,
Dann lass' beim Aufersteh'n
Des ew'gen Tages Morgenrot,
Herr, freundlicher uns seh'n!

Am Neujahrstage.

1.

Herr, der da ist und der da war,
Von dankerfüllten Zungen
Sei dir für das verfloss'ne Jahr
Ein heilig Lied gesungen!
Gieß deinen Segen ferner aus
Auf unsern Ort, auf jedes Haus,
Zu deines Namens Ehr'!
Hilf deinem Volke väterlich
In diesem Jahre wieder
Und lass' auf unsern König dich
Mit deiner Gnade nieder,
Daß Lieb' und Treue bei uns sei,
Dies, lieber Vater, dies verleih'
In Christo, deinem Sohne!

2.

Wir wünschen euch allen von Herzen
Ein gutes und neues Jahr,

Gott wend' von euch jeglichen Schmerzen,
Er rett' euch aus aller Gefahr
In diesem Jahr,
Das werde wahr!
Gott helfe uns allen zusammen,
In seinem hochheiligen Namen
Sagen wir fröhlich nun: Amen!

3.

Ich wünsche euch von Herzensgrund
Zum neuen Jahr viel Licht und Leben,
Was nun verheißt sein teurer Mund,
Woll Gottes Gnad' euch selber geben!
Gesundheit, Glück und Wohlergeh'n
Laß' er in diesem Jahr euch seh'n,
Er gehe mit euch aus und ein,
So wird dies Jahr gesegnet sein.

4.

Auf zum Preise
Nach der Weise,
Welche Gott gefällt!
Laßt mit Beten
Hin uns treten
Vor den Herrn der Welt!

Viele Stunden
Sind verschwunden
Aus der Lebensbahn,
Eine neue
Zeitenreihe
Fangt jetzt wieder an.

O, bedenket,
Was Gott schenket,
Und was er gebeut;
Dann wird kommen
Heil den Frommen
Mit der neuen Zeit!

Laßt uns streben,
Dem zu leben,
Der einst für uns starb,
Daß in Strömen
Heil wir nehmen,
Das er uns erwarb.

O, dann freuen
Wir des neuen
Uns so hell und klar,
Ewig allen
Wird gefallen
Dann dies neue Jahr.

Gott, wir flehen,
Laß uns sehen
Heil für jeden Stand,
Heil und Frieden
Sei beschieden
Unserm Vaterland!

Vor dem Hause eines Beamten.

Gott, wir flehen,
Laß uns sehen
Täglich neue
Pflichtentreue
Zier im Amt den Mann,
Daß der Segen
Seinen Wegen
Nie entweichen kann!

Vor einem Hause, wo mehrere Kinder sind.

Herr, wir flehen,
Laß uns sehen
Täglich neue
Lieb' und Treue
Jedem Ehepaar,
Fromme Tugend
Für die Jugend,
Für die Kinderschar!

Vor dem Hause alter Leute.

Graue Alte,
Euch erhalte
Gott als Trost und Stab;
Werft die Blicke
Euch zum Glücke
Über Tod und Grab!

Vor dem Hause von Witwen und Waisen.

Witwenthränen,
Witwensehnen
Still' und lindere Gott,
Lass' die Waisen,
Herr, dich preisen,
Hilf in jeder Not!

Vor dem Hause von Kranken.

Laß den Kranken
Trost nicht wanken,
Hilf in ihrer Not,
Wollst erretten,
Hör' ihr Beten,
Hör' es, Herr und Gott!

Vor einem Hause, wo Dienstboten sind.

Dem Gesinde
Komm' gelinde
Seine Herrschaft bei,
Dann verbinde
Das Gesinde
Pflicht und Dank zur Treu'.

Vor dem Hause, wo der Sohn in der Fremde ist.

Wissenschaft und Tugend
Frische Kraft der Jugend
Bring' der Sohn zurück!
Gott erhalte
Ihn und walte
Stets zu seinem Glück!

Vor dem Hause des Pfarrers und Schullehrers.

Noch wünschen wir zum neuen Jahr
Den Lehrern (dem Pfarrer) Glück und Heil,
Und eine fromme Kinder- (Seelen-) Schar
Werd' ihres Lohnes Teil!
Es halte sie die Hand des Herrn,
Und ihrer Bahn sei niemals fern,
Dein Licht. o Gott, dein Licht!

Wenn Jesu Geist das Herz erfüllt,
So fließt das Wasser klar,
Erquickend, lebengebend quillt
Es auf die Lämmerschar,
Und Hirt und Lämmer gehen dann
Vereinigt auf der Lebensbahn . . .
So sei es! Glück zum Neujahr!

Ein Nachtwächterlied nach Art des in den österreichischen Staaten gewöhnlichen,

welches um 9 Uhr also lautet:

Alle meine Herrn, laßt euch sag'n:
Der Hammer, der hat neune g'schlag'n.
Bewahret das Feuer und das Licht,
Auf daß niemanden ein Schad'n g'schicht!
Gelobt sei Jesus Christus!
Hat neune g'schlag'n!

1.

:|: Pilger auf Erden, laßt euch sag'n:
Die Glockenstund hat sieben g'schlag'n. :|:
Vergeßt der sieben Worte nicht,
Die euer Herr am Kreuze spricht,
Sie geben Kraft und Leben!
:|: Hat sieben g'schlag'n! :|:

2.

Acht Seelen schont' die Sündenflut,
Der Straf' entgeht, wer Buße thut,
Drum folget Gottes Stimme!

3.

Zur neunten Stund' entschlief der Herr
Ganz sanft zu seines Vaters Ehr',
So laßt auch uns entschlafen!

4.

Zehn Jungfrau'n, mit Lampen verseh'n,
Dem Bräutigam entgegengeh'n;
Laßt uns stets wachen, beten!

5.

Elf Jünger sind dem Herrn getreu,
Nur einen stürzt Verräterei,
Drum fliehet Sünd' und Satan!

6.

Jerusalem, die Himmelsstadt,
Zwölf Perlenthor zum Eingang hat,
Hier find't ihr ew'ge Ruhe.

7.

Hört: eins ist not, lehrt Jesus Christ,
Das höchste Ziel der Himmel ist,
Nach diesem sollt ihr ringen!

8.

Zwei Jünger geh'n nach Emmaus hin,
Ihr Weg ist finster, trüb ihr Sinn,
Der Herr ist ihre Leuchte.

9.

Drei Sterne führen zum Himmel hin,
Wo Glaube, Liebe, Hoffnung blüh'n,
Folgt diesen Himmelsführern!

10.

Vier Wesen steh'n um Gottes Thron
Und loben Gott und seinen Sohn,
Sie lehr'n uns Gott stets dienen.

11.

Fünf Wunden schlug die Welt dem Christ,
Der unser Heiland worden ist,
Sie heilen eure Seelen.

12.

Zur sechsten Tagesstund ward Nacht
Auf Judas Greuelland gebracht,
Sein böses Thun zu strafen.

2.
Neujahrslied.

Der Tag vertreibt die finst're Nacht,
Jhr, meine lieben Christen, seid munter und
wacht
Und lobet Gott den Herren,
Und alles, was auf Erden lebt,
Was ober und unter dem Himmel schwebt,
Das thut sein Lob vermehren.

Die Engelein singen Tag und Nacht,
Sie loben des großen Herren Macht,
Sie stimmen alle zusammen,
Sie singen, sie klingen ohne Unterlaß,
Sie singen, sie klingen je länger mit Paß:
„Heilig ist Gottes Namen!"

Und sollt' denn heut' der letzte sein,
So loben wir Gott, den Schöpfer dein,
Dem wilde Tier' entweichen.

Wach' auf und lob' Gott fleißiglich,
O Christ, steh' auf und bezeichne dich
Mit dem heiligen Kreuzeszeichen!

Steh' auf und sprich andächtiglich:
„Gott Vater vom Himmel gesegne mich!
Gott Sohn, Gott heiliger Geist,
O heiligste Dreifaltigkeit,
Steht uns hier bei und allezeit
Bis an mein letztes Ende!"

Wie schön leucht' uns der hellichte Tag!
Wir wünschen dem Herrn N. N.
Ein glückseliges, freudenreiches Neujahr
Und dazu ein langes Leben.
Die Vögelein singen im grünen Wald,
Steht auf, ihr Christen, jung und alt!
Gelobt sei Jesus Christus und Maria!

Das Lied ist wenigstens in den ersten drei Strophen
alt und von einem gebildeten Dichter, wahrscheinlich
einem Geistlichen, bearbeitet. Das Alter erweist sich
u. a. aus dem Worte „Paß" = Maß in der Tonkunst,
das in dieser Bedeutung in unserem Jahrhundert nicht
mehr gebräuchlich ist. Auf den gebildeten Dichter ver-
weist die gekünstelte Form. Die letzten Strophen sind
volksmäßige, formlose Zusätze mit alten Anklängen.

Wo und wann das Lied gesungen wurde, konnte ich
nicht erfahren; wahrscheinlich in Oberösterreich.

3.

Nachtwächterlied zu Neujahr.

Gott, das neue Jahr bricht an,
Wollest unsern Eingang segnen,
Daß auf seiner Nächte Bahn
Keinem Übel wir begegnen,
Daß nie müsse unser Mund
Künden eine Unglücksstund!

O, du Hüter Israel,
Hilf du selbst den Wächtern wachen,
Hüte aller Leib und Seel'.
Segne all' in allen Sachen,
Schütze Feld und Haus und Ort,
Bleibe unser Gnadenhort!

Aus Katharina Kochs, der bayerischen Natur-
dichterin, geboren zu Ortenburg 1811, gestorben 1892,
Gedichten; Verlag von R. Drodtleff in Preßburg.

4.

In der Neujahrsnacht.

Von E. Geibel.

Wachet auf! ruft euch die Stimme
Des Wächters von der hohen Zinne,
Wach' auf, du weites deutsches Land!

Die ihr an der Donau hauset,
Und wo der Rhein durch Felsen brauset,
Und wo sich türmt der Düne Sand!

Habt Wacht am Heimatsherd,
In treuer Hand das Schwert,
Jede Stunde!
Zu scharfem Streit
Macht euch bereit!
Der Tag des Kampfes ist nicht weit.

Hört ihr's dumpf im Osten klingen?
Er möcht' euch gar zu gern verschlingen,
Der Geier, der nach Beute kreist.
Hört im Westen ihr die Schlange?
Sie möchte mit Sirenensange
Vergiften euch den frommen Geist.
Schon naht des Geiers Flug,
Schon birgt die Schlange klug
Sich zum Sprunge;

Drum haltet Wacht
Um Mitternacht
Und wetzt die Schwerter für die Schlacht.

Reiniget euch in Gebeten,
Auf daß ihr vor den Herrn könnt treten,
Wenn er um euer Werk euch frägt;
Keusch im Lieben, fest im Glauben,
Laßt euch den treuen Mut nicht rauben,
Seid einig, da die Stunde schlägt!
Das Kreuz sei eu're Zier,
Eu'r Helmbusch und Panier
In den Schlachten.
Wer in dem Feld
Zu Gott sich hält,
Der hat allein sich wohl gestellt.

Sieh' herab vom Himmel droben,
Herr, den der Engel Zungen loben,
Sei gnädig diesem deutschen Land!
Donnernd aus der Feuerwolke
Sprich zu den Fürsten, sprich zum Volke!
Vereine sie mit starker Hand!
Sei du uns Fels und Burg,
Du führst uns wohl hindurch. —
Halleluja!

Denn dein ist heut'
Und alle Zeit
Das Reich, die Kraft, die Herrlichkeit.

5.

Der Nachtwächter.

Von J. G. Seidl.

A Nachtwachta bin ih
Mit Spieß und Latern',
Und schau', daß nit d' Stadeln
Und d' Stall brinnad wer'n.

Aba d' Augerln und d' Herzerln
G'hör'n nit in mein Sach:
Drum brinnt's, eh' ma's g'spannt,
Ah oft außa beim Dach.

6.

Der Nachtwächter.

Von J. A. Michel.

Zur Nachtszeit, wenn es düster
Und Diebe geh'n umher,
Da schleicht bei Blattgeflüster
Der Wächter stolz einher.

Mit aufgestülptem Kragen,
Das Horn an seiner Seit',
Überschreitend manchen Graben,
Verkündet er die Zeit.

Ein Spieß ist seine Waffe,
Er dient ihm auch als Stock,
Ihn schreckt nicht Hundgeklaffe,
Den Mann im langen Rock'.

So geht er für und wieder
Zur Sicherheit bei Nacht,
Lauscht gern auf Schlummerlieder,
Wenn er so treulich wacht.

Ist dann die Nacht geschwunden,
Tritt Dämm'rung wieder ein,
Ruht er noch ein'ge Stunden,
Bis weckt ihn Sonnenschein.

Drauf harret er mit Sehnsucht,
Arbeitet treu und schafft,
Bis dann zur Pflicht ihn ruft
Die Nacht, die er durchwacht.

7.

Wächterruf.

Von Peter Hebel.

Loset, was i euch will sage:
D' Glocke het Zehni gschlage.
Jez betet, und jez göhnt ins Bett,
Und wer e rüeihig Gwisse het,
Schloft sanft und wohl! Im Himmel wacht
E heiter Aug die ganzi Nacht.

Loset, was i euch will sage:
D' Glocke het Oelfi gschlage.
Und wer no an der Arbet schwitzt,
Und wer no by de Charte sizt,
Dem bieti jez zum leztemol:
's isch hochi Zit! Und schlofet wohl!

Loset, was i euch will sage:
D' Glocke het Zwölfi gschlage.
Und wo no in der Mitternacht
E Gmüet in Schmerz und Chummer wacht,
Se geb der Gott e rüeihige Stund'
Und mach di wieder froh und gsund!

Loset, was i euch will sage:
D' Glocke het Eis gschlage.
Und wo mit Satans G'heiß und Rot
E Dieb uf dunkle Pfade goht,
— J will's nit hoffe, aber gschieht's —
Gang heim! Der himmlisch Richter sieht's.

Loset, was i euch will sage:
D' Glocke het Zwey gschlage.
Und wem schon wieder, eb's no tagt,
Die schweri Sorg am Herze nagt,
Du arme Tropf, di Schlof isch hi'!
Gott sorgt! Es wär' nit nötig gsi.

Loset, was i euch will sage:
D' Glocke het Drü gschlage.
Die Morgenstund' am Himmel schwebt,
Und wer im Friede der Tag erlebt,
Dank' Gott und fass' e' frohe Muet
Und gang ans G'schäft, und — halt di
                                    guet!

8.

P. Hebels alemannischer Wächterruf,

vertont von Reinhold Becker.

Lo - set, was i euch will

sa - - ge: D'Glok = ke het

zeh - ni g'schla - = ge. Jez

be - tet und jez göhnt ins

Bett, und wer e rüe = ig

G'wis = se het, schloft sanft und

wohl, im Him - mel wacht e

hei - ter   Aug' die   gan - zi Nacht!

9.

Das Nachtwächterlied im Zeitalter der Aufklärung.

Der österreichische Universalkalender „Austria" vom Jahre 1846 behandelt in einem Aufsaße die im Josephinischen Zeitalter angestrebte Reform des Nachtwächterliedes. Wie wir dieser interessanten Arbeit entnehmen, war der Zeit der Aufklärung und Toleranz der herkömmliche Text viel zu katholisch, und das „Patriotische Blatt" vom Jahre 1788 forderte daher in übertriebenem Zartgefühle gegen Andersgläubige und wohl auch gegen Ungläubige, daß auch das Nachtwächterlied alles Konfessionelle abstreife, die Anrufung der Heiligen vermeide und sich auf den Stundenruf, sowie die Ermahnung zur Vorsicht wegen Feuersgefahr beschränke. Höchstens dürfe der Wächter noch rufen: „Lobet Gott, den Herrn!"

Wie die gegenwärtig noch gebräuchlichen Nachtwächterlieder lehren, ist diese „Verwässerung" nicht gelungen.

10.

Nachtwächterlied aus Silchers Liederbuch.

Etwas langsam.   **Volkston.**

1. Hört, ihr Herrn, und laßt euch sa = gen: uns' = re Glock' hat eins ge = schla = gen: ein Gott ist nur in der Welt; dem sei al = les heim = ge = stellt.

2. Hört . . .　　. . . zwei geschlagen:
Zwei Wege hat der Mensch vor sich;
Herr, den rechten führe mich!

3. Dreifach ist, was göttlich heißt,
Vater, Sohn und heil'ger Geist.

4. Vierfach ist das Ackerfeld;
Mensch, wie ist dein Herz bestellt?

5. Fünf der Jungfrau'n waren klug,
Fünf bethörte der Betrug.

6. Sechsmal schuf der Herr der Welt,
Da war alles wohlbestellt.

7. Denkt den sieben Worten nach,
Die der Herr am Kreuze sprach.

8. Nur acht Seelen sprach Gott los,
Als die Sündflut sich ergoß.

9. Neun versäumten Dank und Pflicht;
Mensch, vergiß der Wohlthat nicht!

10. Zehn Gebote lehren wohl,
Wie vor Gott man wandeln soll.

11. Elf Apostel blieben treu;
Hilf, Herr, daß kein Abfall sei!

12. Zwölf, das ist das Ziel der Zeit;
   Mensch, bedenk' die Ewigkeit!

11.

Ammenuhr.

Volksweise nach Aug. Heinr. Wenk.

(Text aus „Des Knaben Wunderhorn" von Achim
v. Arnim und Klemens Brentano.)

Der Mond, der scheint, das Kindlein weint, die

Glock' schlägt zwölf, die Glock' schlägt zwölf, daß

Gott doch al = len Kran-ken helf!

Gott alles weiß,
Das Mäuslein beißt,
Die Glock' schlägt ein,
Der Traum spielt auf dem Kissen dein.

Das Nönnchen läut'
Zur Mettenzeit,

Die Glock' schlägt zwei,
Sie geh'n ins Chor in einer Reih'.

Der Wind, der weht,
Der Hahn, der kräht,
Die Glock' schlägt drei,
Der Fuhrmann hebt sich von der Streu.

Der Gaul, der scharrt,
Die Stallthür knarrt,
Die Glock' schlägt vier,
Der Kutscher siebt den Hafer schier.

Die Schwalbe lacht,
Die Sonn' erwacht,
Die Glock' schlägt fünf,
Der Wand'rer macht sich auf die Strümpf'.

Das Huhn gagackt,
Die Ente quackt,
Die Glock' schlägt sechs,
Steh' auf, steh' auf, du faule Hex'!

Zum Bäcker lauf',
Ein Wecklein kauf',
Die Glock' schlägt sieben,
Die Milch thu' an das Feuer schieben.

Thu' Butter 'nein
Und Zucker fein,
Die Glock' schlägt acht,
Geschwind dem Kind' die Supp' gebracht!

12.
Lied aus „Die Christnachtglocken von Amras".

Von G. Reiser.

Ihr, die ihr wacht
Um Mitternacht
Und die voll Schmerzen
Mit schwerem Herzen,
Mit heißen Thränen
Den Tag ersehnen,
Ihr, die in süßem Schlummer,
Fern allem Leid und Kummer,
In tiefem Schlaf
Die Stunde traf,
Vernehmt den Ruf:
Habt acht,
Mitternacht!

13.

Nachtwächterlied aus „Die Meistersinger von Nürnberg".

Von Richard Wagner.

Hört, ihr Leut', und laßt euch sa-gen:
die Glock' hat eil - - fe ge-
schla - gen: be - wahrt Euch vor
Ge-spen-stern und Spuk, daß kein bö-ser
Geist eur' Seel' be - ruck!
Lo - bet Gott den Herrn!

Inhalt.